「新しい働き方」ができる人の時代

セス・ゴーディン
神田昌典[監訳]

三笠書房

「前時代の働き方」は
もう終わった。
「新しい時代」がついに到来する！

●監訳者のことば

この「新事実」を知り、「変わる努力」をできた人だけが勝ち残れる!

神田昌典

これは、とても「**怖い本**」だ。おそらくセス・ゴーディンが、これほど率直に警鐘を鳴らしたのは、はじめてではないだろうか?

しかも、その怖い本が、世界的にとても高い評価を受けている。米国アマゾンのサイトを覗《のぞ》くと、三〇〇以上ものレビューが寄せられていて、しかもほとんど星五つの評価。

本書の本質をみれば、今私たちが身を委《ゆだ》ねている社会を否定し、なおかつ行動を呼びかける内容なのだが、**そのような現状をひっくり返しかねない作品が、現在アメリカで絶賛されている。**

著者の主張は、一見、当たり前のように見えながら、急進的である。ひと言でいえば、「誰もがアーティストになりなさい」ということだ。

アーティストが何を意味するかは、改めて本文をじっくりと読んでいただきたいが、時代が変わるなかで、今までかしこい生き方とされてきたキャリア観にしがみつく者は、急速に「化石化」していくとゴーディンは警告しているように、私には思える。

著者が個人の生き方に関し、これほどまでに直球で語るには、相当の覚悟が必要だったに違いない。なぜなら彼は自分自身の影響力を、誰よりも知っているはずだからだ。

セス・ゴーディンは、『パーミションマーケティング』『バイラルマーケティング』をはじめとして、数々のビジネス手法を誰よりも先に提案してきた。本を出すたびに、彼の言葉がビジネス・スタンダードを創《つく》ってきたといっても過言ではない。

だからこそ、今回、働き方にまで踏み込んだ内容を、このタイミングで発表したということは、社会的変革の前夜が、ついに訪れたといってもいいだろう。

この本がじわじわあなたを変えていく

文字を表面的に追うだけの読者は、本書の感想を聞かれたとき、こう涼しく答えるかもしれない。「今の状況を、新しい言葉でわかりやすくまとめているな」と。

しかし、この本の怖いところは、深いところであなたに変化を及ぼしてくることだ。その証拠に、本書は読み終わっても、そのまま本棚に埋もれる本ではない。

なぜか心の襞《ひだ》に引っかかり、そして再度ページが開かれる。**そうしているうちに彼の言葉はあなたの身体に徐々に浸透し、世の中に対する見方を根本的に変えてしまう。**

気づいたときには、アーティストであるというセルフイメージに変わり、アーティストとしての行動が自然にはじまる。

こうなったときからが、本当に怖い。特に、この日本の組織で働く者にとってみれば、大いなる冒険がはじまる。

なぜなら、アーティストを当たり前に受け入れられるようには、現在の企業システムは成り立っていないからだ。

たとえば近年、上場企業ではコンプライアンスが重視され、厳格な管理のもとに事業を行なうことが最優先されているが、管理にたけた人間が上層部を占めると、クリエイティブな仕事はとたんにスローダウンしてしまう。

誰も読まない書類の量産。分析ばかりの会議の連続。新しい商品企画は、確実に潰される。彼らに悪気はない。ただクリエイティブが理解できないから、稟議《りんぎ》を通すのに、大変な時間を要する。

こうした硬直化した組織は、十年後にはもはや存在しないだろうが、しかし、今はそれが主流だ。

その現実の中でアーティストへの道を進みはじめてしまうと、結論はわかっている。悪いがあなたは、もはや主流の人間にはなりえない。今の組織から面倒くさがられ、はじき飛ばされてしまう。枠に収まって、使い回しできる部品が必要な現在のシステムに、アーティストは住むことができないのだ。だから本書の毒が回れば回るほどに、今の会社がセピア色の写真に見えはじめるだろう。

ああ、ゴーディンは、確信犯的に、この本を出したんだろうか？

❑「時代遅れの価値観」にしがみついていないか

実は、枠からはずれた生き方を選んだとしても、怖いのは――ジェットコースターと同じように――はじめだけ。三カ月もすれば、慣れる。

そもそも歴史的に見て、**現在ほど枠からはみ出したところに、青々とした緑地が広がっている時期はない。**何といっても、誰もが巨大な富を生みだす脳とコンピュータという資本をもっている。

にもかかわらず、多くの人が躊躇《ちゅうちょ》するのは、九〇年代の発想がまだ根づいているからだ。たとえば新規事業を立ち上げる際、「ビジネスモデルは何か?」なんて質問するようじゃ、何もできない。ビジネスモデルというのは、まさにモデルという言葉からも連想できるように、機械的にインプットすれば、機械的にアウトプットが生まれる無機的なしくみである。

インターネット関連ビジネスで上場するのがブームだったときに、キャピタルゲイン狙いの投資家からの資金集めにはもってこいの言葉だった。

しかし、実際の事業の立ち上げは、当初の経営計画書とはかけ離れた、まったく予想不可能で、根性と精神論の世界なのだから、そもそもビジネスモデルが見つからないかぎりスタートしないという考えの持ち主は、結局「いつか俺も独立する」と一生いっている奴になり果ててしまうだろう。

それは今までのかしこかったビジネスマンとしての生き方であり、これから憧れられるアーティストとしての生き方じゃない。

二〇一〇年代は、ビジネスモデルではない。

ビジネスモデルがあるから、そこに事業が生まれるのではなく、同じ未来を見ている者同士が、つながり合うことで、そこに事業が発生するのだ。

「はぁ、それだけ？」とあっけにとられるだろうが、おそらくそうなる。

市場・競合分析も必要ないし、自分探しも必要ないし、会社を辞める必要もない。

まずは会社の外へ出て、システムの外で生きている人たちに出会うことだ。そして、その人たちがどんな未来を見ているのか、感じるのだ。

すると、目からウロコだよ。

「思いつき」が「一生の財産」に変わる時代

ちょっとシステムの外に出てみると、おもしろい人がたくさんいる。それが刺激になる。たとえば、あるマジシャン。子どものときからマジックが好きで、サラリーマン時代に営業でもマジックを通して顧客との会話の糸口をつくる。マジックなんかで食べられない……とは過去のことで、独立《フリーエージェント化》した後でも、マジックを使った営業法であるとか、コミュニケーション術を講演で頼まれる。企業レセプションでも、顧客との距離を近づけるために声がかかる。

正直なところ、安定収入はないだろう。不安がないといったら嘘になる。しかし、仕事が入ったときには、たった数時間の仕事でサラリーマン時代の一週間分の報酬だ。自由な時間には、同じ興味をもった人たちと交流し、あるべき世界を語り、その世界にマジックを通して近づくために自分を表現することに時間を使う。

アパレル会社に勤めていたデザイナー。占いが好きで、占い関係のイベントには頻繁《ひんぱん》に顔を出す常連。私が実験的にはじめたライフワーク・インキュベーション・センターズ（LINCs）という活動に加わった。

仕事を手伝ううちに、フェイスブックの可能性に気づいて、突然、独立。そのとたんにまわりから、「よかった。だったら仕事手伝ってもらいたいんだけど……」と初月から仕事が舞い込む。営業せずとも、すでに仲間がいると、こんなことが起こる。

こうした事例はいくらでも挙げられる。どうしてこんな向こう見ずなことをできるのか、と思うだろうが、今の時代、それが向こうみずではなくなってしまった。以前だったら、企業の看板がなければ、独立したとたんに、スーッと潮が引くように友人もいなくなったが、**今は固定費を抱えた組織に頼むよりも、柔軟に動ける個人とつながれるほうがよほどスピーディに仕事が動く。**

企業内で分析をしているよりも、提案書をつくっているよりも、同じ世界を見ている人同士が、フェイスブックでつながっている。すると、一をいえば、一〇わかってくれるのだから、ストレスがまったくない。

今までは、組織をもたなければ営業もできなかったが、今はフェイスブックで個人が広告を出す時代。さらにフェイスブックにカートが実装されるから、これからは個人が好きなものを販売し、全世界に自分のつくった商品を販売する時代だ。それが、パソコンひとつでできる時代になる。つまり時代は、フリーエージェントを後押ししている。

これからやってくる「新しいシステム」

本当にシステムがひっくり返る時代が目前まで近づいているからこそ、ゴーディンは最《さい》後通牒《ごつうちょう》を突きつけている。そして米国のビジネスパーソンは、アーティストになるという生き方に圧倒的に共感しているということである。これは、もはや全世界的な潮流として、今後十年を形づくるのは間違いない。

一方、日本では、こうした社会の根本的な変化を理解し、いったいどれだけの親が、子どもたちを教育していることだろう。

いったい、どれだけの会社が事業を運営し、どれだけの上司が部下を指導しているだろう。

希望の未来を見て行動することができるのはシステムの外にいる人間で、過去からの延長で動こうとするのが、システムの内にいる人間だ。

今まではシステムの内に少しでも長くいる、という判断が正しかったともいえる。しかし、江戸幕府、明治政府と同様、崩れるときは早い。そろそろ大きな船が沈もうとしている。

爬虫類《はちゅうるい》も、動くときには動く。生命の安全のために。その直感は、嘘をつかない。独立しろとは、いわない。それはあまりにも無責任だ。しかし、**システムの外を見ろ、というのは、私もゴーディンと同様、覚悟をもって、お伝えする。**

ライフワークに生きている人たちと会ったときに、本当の恐れは外にあるのではなく、内にあったことに気づくにちがいない。

もくじ

2

誰でも「一〇〇倍の価値を生み出す人」になれるチャンスがある！

3

人の心に「感動を呼ぶ」仕事が最大の評価を得る

4

“夢を形にできる人”は頭をこう使う！

5

「何かを与えられる人」だけが生き残る時代

6

「頭ひとつ抜ける人」へ今こそ成長するときが来た！

1

◎「モノが中心の時代」の終焉《しゅうえん》、そして「第三の世代」へ……

これが大きな成果を約束する「働き方」の新常識！

「成功者のルール」は大きく変わった

現代のビジネス社会は、いつしか人間がもつ「創造性」と「自主性」を奪ってきましたが、この先、私たちは変わっていかねばなりません。

そのために、この本を手にとった人がまず一歩を踏み出し、成功者となってお手本を示してください。本書ではその道筋を示していきます。

「成功者になる」といっても、難しいことはありません。必要なのは、**仕事に対する考え方を変えていく**こと。

それができれば、どんな環境でも成功を収めることができます。

これからの社会において、どんな働き方をすればいいか、どんな人生を歩むべきか、それがこの本のテーマなのです。

多くの企業において、もっと活躍できるスキルと才能をもっているはずなのに、まわりがそうさせなかったり、一歩前に進むことを恐れて力を発揮できなかったりする人を、私はたくさん目にしています。

ただ、上からいわれたとおりの仕事をし、賃金を得るために働く——そういう「近視眼的な働き方」に陥ってしまっている人がいるのです。

しかし、このような時代は終わりを告げようとしています。

そして、終わらなければならない時期に来ています。

自分の価値を知り、活躍し、まわりからも大いに認められる——厳しい時代だからこそ、自分を大きく成長させるチャンスのとき。

このチャンスを活かすには、社会のありようが根本的に変わったことを理解し、自分が今現在、どんな地位・職責にいようとも、「あなたが絶対に必要不可欠だ」といわれるような人材にならなければなりません。

そう、そのためにまずできることは、単純に聞こえるかもしれませんが「変わろう」と思うこと。

そもそも十年前ならこんな本は書けなかったでしょう。当時はまだ、社会が型にはまった人間を必要としていて、それで十分な報酬と待遇が与えられていたからです。

けれども、これから求められているのは、もっと別のものです。

ものの見方や社会への貢献の方法、働き方をこれまでと変えられるとしたら……。

ここに書かれていることは、組織の一員として働く人、経営者、自営業、フリーランスを問わず、社会で活躍するすべての人々に向けてのメッセージです。

私たちにとって一番幸せな未来は、人々が「本当の自分」に立ち返り、能力をいかんなく発揮できる社会の実現にほかなりません。

「ギブアンドテイク」の感覚はもはや古い

われわれの親の世代は、企業とある契約を結びました。

世の中には企業があふれるほどあって、さまざまな製品をつくったり、保険や医療などのサービスを提供したり、電話の応対をしたりしていますが、それらの仕事には働き手――労働者が必要だったからです。

労働者になれば――すなわち、学校でちゃんと勉強して、いわれたことをきちんとやり、一生懸命働けば、企業があなたの面倒を見てくれるという契約です。ルールにさえ従えばお金がもらえ、医療保険も与えられ、安定したポジションが保証されるのですから、確かに魅力的な契約だったのでしょう。

実際、このしくみはうまくいき、優良企業も教職員組合も、たとえば郵便局でも小売店でも、ちゃんとそこで働く人の面倒を見てくれました。時間どおりに出社して、いわれたとおりに働けば、必要なものが支給されました。

長い間、「右肩上がりの成長」を遂げていた時代には、それで問題はなかったのです。

けれども競争が激しくなり、テクノロジーが発達したことで、この契約は破綻《はたん》してしまいました。

今や求人の数が増える気配はありませんし、賃金は多くの分野で減少傾向にあります。中流の人たちは、かつてない閉塞《へいそく》状況に置かれ、将来にもまるで希望がもてない状態でしょう。

年金も、運用されていた資金が大幅に目減りして、今後どうなっていくのかわかりません。まじめに働いて納税してきた人たちも、ちゃんとお金をもらえる保証はないのです。

けれどもこの状況は、見方を変えれば、われわれ働く人々全員にとって、今まで抑えつけていた能力を存分に発揮する絶好のチャンスかもしれないのです。

■■■「成功と失敗を分けるもの」――その分水嶺《ぶんすいれい》

私は長い間、ある問題についてずっと考えてきました。

どんな仕事においても、うまくいくやり方と、そうでないやり方があるのはなぜか。

働く人のパフォーマンスに差が出るのはなぜか。

不安定な市場で生き残っていく企業と、消えていく企業があるのはなぜか。

もし今現在、仕事でうまくいっていないならば、社会の状況が変わりつつあるのに、そのことを誰からも教えられていないためかもしれません。

もはや「平凡な働き方」は求められていないのです。

しかし、そういった人たちも生まれ変わることができます。

ただし、そのためには段階を踏み、これから必要とされる資質を身につけていかなければなりません。

少なくとも、**今の社会のシステムに何の疑問もなく働き続けるのはもうやめるべきでしょう。**

「自分はとり替えのきかない〝特別な存在〟なのだ」と、自覚することがその一歩目です。

■■■本当に必要とされる新しい人材像

みなさんの職場にも、こんな人たちがいませんか。

- **役人気質の人**
- **形式主義者**
- **マニュアルだけで動く人**

・いわれたことしかできない人
・目立つことを恐れる人

十八世紀の経済学者、アダム・スミスの『国富論』の第一章には、こうはっきり書かれています。

「低賃金の人々が簡単な指示に従うだけで実行できるように、生産工程を振りわけることが、事業で成功する秘訣《ひけつ》である」

ところが、時代が変わった今、そんな彼らは組織にもっとも必要のない存在になりつつあります。

今、社会が必要としているのは「この人がいないと、何事もはじまらない」という〝絶対不可欠〟な人々です。それは、

・ユニークな発想ができる人
・問題意識をもてる人
・会社を引っ張っていく人

・積極的に人とのつながりをつくっていく人
・逆風を恐れず必要な指摘をして、変化をもたらしていける人

つまり、**全体をまとめ、変化を起こせる人たち**です。まだそのことに気づいていない企業や、気づいていても公《おおやけ》に表明していない企業もありますが、今は「自分で価値を創造していける人たち」が求められているのです。

■■■「安売り」がうまくいかなくなる理由

企業の利益を決めるのは、「従業員の賃金」と「生産性」です。生産コストと同じ給料を払っていたのでは利益が出ませんから、経営者たちは、低賃金の労働力で、高い生産性を実現する方法を模索し続けてきました。

効率的な機械と優れた製造ライン、詳細なマニュアルを用意すれば、賃金の安い労働者でも、賃金の五倍、十倍、場合によっては千倍の価値を生み出せる可能性があります。

こうして、**必要な能力をもった従順な労働力をできるかぎり安価に、かつ大量に確保することが重要**になりました。

賃金一ドルにつき五ドルの収益が得られれば事業は大成功です。数万人の従業員がいれば、莫大《ばくだい》な利益が上がるでしょう。

しかし、現実はそんなにうまくはいきません。

低賃金の従業員を雇うのがもっとうまい人々が現われて、工場を海外に移転したり、機械を増やしたりと、より効率的な方法を考え出しました。

しかし、消費者は安いだけの商品をずっと買い続けてはくれず、より個性的な商品、人の心や感情に訴える商品を求めはじめます。

もちろん、どの商品よりも安ければ、一時的には売れるかもしれませんが、長く事業を続けるために、**「人を中心としたビジネス」で市場をリードしていく必要が出てきた**のです。

たとえば、人気のある店には、「優秀な従業員」と「人気商品」、「人の心をガッチリととらえ、また来たいと思わせる魅力的な店舗」という条件が揃《そろ》っています。だからこそ、財布のヒモが固い人も買いにくるわけです。

客は気まぐれだということを忘れてはいけません。

そこで選ぶ道は二つに一つ。平凡で安価な商品で勝負し続けるか、人とのつながりを大切にして抜きん出るか、です。

■■■これから絶対求められる「働き方3・0」！

人間はもともと狩りをして暮らしていましたが、やがて農耕をはじめました。私たちはみな、農夫だったわけです。

ところが工場が発明されてからは、人々はそこで働きはじめ、システムに従い、指示されたことをやって、対価として収入を得るようになりました。

けれどもこのシステムが崩壊した今、私たちに残された道はただ一つ。

「アーティストのように、才能を全開にして働くこと」です。

これは「第三のバージョン（3・0）」ともいえる働き方です。

「アーティスト」と聞くと、単に絵を描いたり、音楽をつくったり、デザインをしたりして、自由気ままに暮らしている芸術家のことを思い浮かべる人も多いでしょう。

しかし、**この本でいう「アーティスト」とは、「豊かな発想をもち、既存の枠にとらわれず、自由に、新しい価値を生み出していける人」すべてを指しています。**

彼らはどんな組織においても、**「かなめ」**になるような重要な存在です。

彼らがいないと、**「必要不可欠な人」**が、すっぽりと抜け落ちたような空気が生じます。

これからは、どんな職種であっても、あるいは、会社や店の経営者であっても、組織の中で仕事をするビジネスパーソンであろうと、フリーランスであろうと、この心構えが絶対に必要です。


将来、本当に成功できるのは、「既存の料理をふるまう人間」ではなく、「新しい料理を生み出していける人たち」です。

ただし、料理の本はどこにでも売っていますが、自分で創作する方法を教えてくれる本はそう簡単には見つかりません。

「第三の階級」の出現

革命というのはしょっちゅう起こるわけではありませんが、起こるときは突然降ってわいたように目の前に現われて私たちを驚かせます。

政治や経済の革命だけでなく、電気の発明なども、まさにそうだったでしょう。

どんな時代においても、新しいルールは、これまでのルールを大きく塗り替えてしまうのです。この本では、これから起こるその明らかな変化を、できるだけわかりやすく詳《つまび》らかにしていきます。

どんな世代においても、**消費者はたいてい速くて安い製品やサービスを求めます。**

そして、それが今までと同じか、優れた商品であるとなれば、当然そちらを選びます。

その変化に合わせてイノベーション（革新）を起こせる企業は生き残れますし、変化についていけない企業は、淘汰《とうた》されるだけ——このシンプルな法則で経済は動いています。

安売りで有名な大型スーパーが近所に進出してきたら、あなたはついそこでたくさん買い物をしてしまうでしょう。

大型店が地元の商店街を潰して産業を減らし、街の基盤すらも壊してしまうことはよくあることですが、それでも野菜をちょっとでも安く買えるならそのほうがいいと思ってしまう人は多いはずです。

こういった行動について、一部の評論家は自分勝手で近視眼的、モラルにも反すると批判していますし、資本主義を批判し、「新たなビジネスを規制すべきだ」と主張する本もたくさんあります。

しかし、私は、変化を押し止めようとするこの手の議論には賛同しませんし、押し止められるとも思いません。

彼ら評論家は、かつてのアメリカンドリームが人々の権利であり、すでに私たちの体の一部になっていると信じていますが、彼らもまた「旧時代の考え方にどっぷり浸かった人々」なのです。

かつて、経済学者のカール・マルクスは「人々は有産階級と無産階級の二つに分裂し

とり替えの利く仕事・利かない仕事

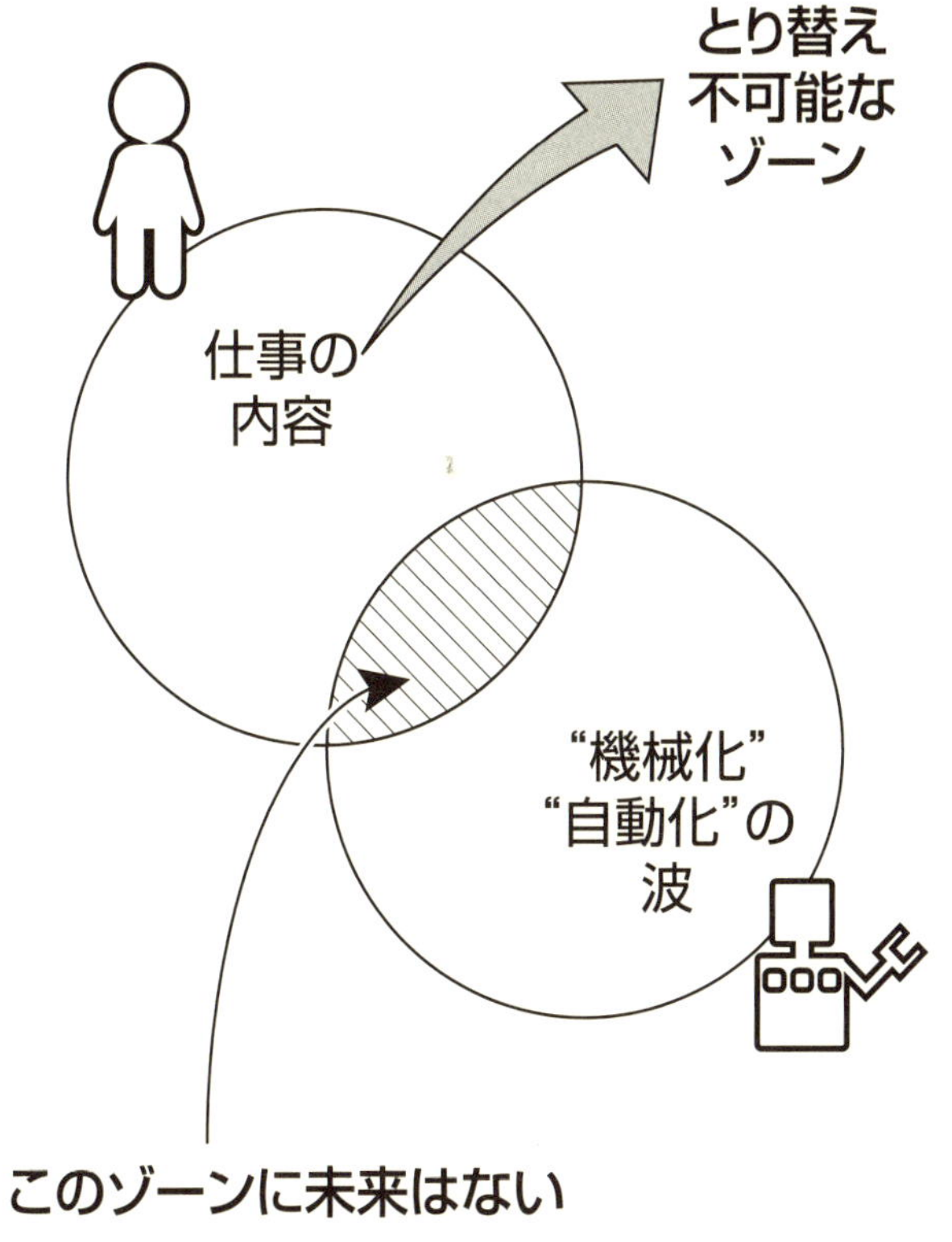

た」と指摘しました。

有産階級はお金を投資して工場を経営する人々。生産の手段をもつこれらの人々は、無産階級に対して大きな影響力をもっています。

一方、勤勉な「無産階級」の人たちは、お金や組織をつくる力がありませんから、資本家に頼っています。

二百年以上もの間、社会にはこのようなはっきりとした区別があり、誰もがどちらかのグループに属していました。マルクスの指摘は当たっていたのです。

ところが、現在では事情が違ってきました。**無産階級の人たちも生産手段をもつようになった**のです。

人々はインターネットを使って自分で組織をつくれるようになりました。

頭脳が工場にとってかわり、アイデアや創造性、人と関わる能力に価値があると見なされるようになりました。このような状況で、資本はそれほど重要ではありません。

ここに三つ目の階級ともいえる**「かなめになる人」**が現われたのです。

こういった人々は外にあるものではなく、自分の内側にあるものを利用して価値を生み出し、地位を築いています。彼らの登場で、これまでのルールは大きく変わってしまうでしょう。

■■■ あなたの価値は「どれだけ個性ある能力を発揮したか」で決まる

未来学者のソーントン・メイは「労働の価値が時間で測られる時代は終わった」と指摘しています。

成功している企業は、個性という能力を発揮して会社に貢献できる従業員だけにお金を払い、それ以外の人々を切り捨てるようになっています。

もちろん、個性を問わない人海戦術のビジネスも完全になくなることはありませんが、多くの仕事で、「他の人にはない個性を発揮できる人」「替えの利かない人」が、より重要視されるようになるのは確かです。

今日《こんにち》では、パソコンとインターネットがすべてを変えてしまいました。三〇〇〇ドル

（約三十万円）も出してこのツールを手に入れれば、誰もが「会社」を手に入れることができるのです。

そこで、**新しい仕事のコンセプトやコミュニケーションの方法をわかっている人だけが、より大きな権限を手にすることができるようになりました。**

伸びている企業もまた、組織のかなめとなる人を適切に配置して活用し、これまでにない成果を上げています。

人気ブロガーのヒュー・マクラウドがこんなことをいっています。「インターネットのおかげで、才能ある人が成功しやすくなり、その他大勢の人々がやっていくのは難しくなった。今や平凡な彼らは抗議の声を上げている」

インターネットの登場で、いいものは口コミであっという間《ま》に広がるようになり、製品や作品にこれまで以上に厳しい視線が注がれるようになってきました。

ここでポイントになるのは、**優れたものがあっという間に知れ渡るしくみができたということ。**

仕事のピラミッド

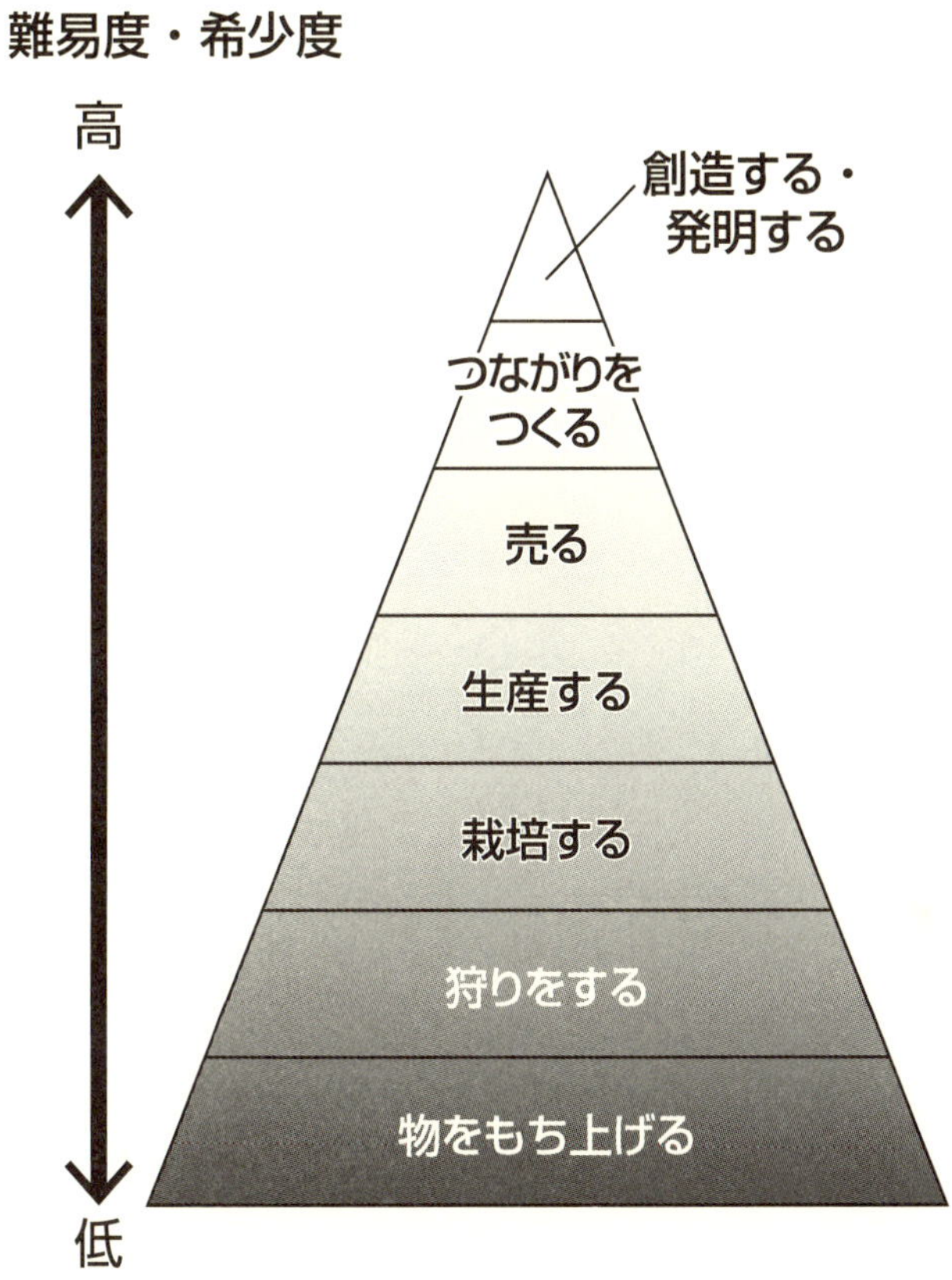

難易度・希少度
高
低
創造する・
発明する
つながりを
つくる
売る
生産する
栽培する
狩りをする
物をもち上げる

その代わりに、昨日は「素晴らしい！」と思われていたものが、今日は「まあまあ」になり、明日には「つまらないもの」になっていることも起こるのです。

さて、37ページの図を見てください。これは「仕事のピラミッド」です。

下のほうの仕事は、簡単に覚えられますが負担は大きく、上にいくほど仕事の負担は軽くなり報酬も上がりますが、できる人は限られます。

「物をもち上げる」レベルのことは誰にでもできますが、「物を売れる」人の数はぐっと減り、さらに「考え出す、つくり出す」人となれば、ごくひと握りです！

では、次の章で、どうすればこのピラミッドを上っていけるのか、具体的な方法を解説していくことにします。

2

誰でも「一〇〇倍の価値を生み出す人」になれるチャンスがある！

「替えの利かない人間」になれる人・なれない人の分かれ道

「自分は、必要不可欠な人になる（なっている）自信があるか」

自分がそのような存在になれるか、じっくり考えてみてください。

進んで「出る杭《くい》」として生きることを選択し、時には険しい道を行かなければならないかもしれないけれど、「この人がいなかったら、この仕事は成し遂げられなかっただろうし、組織は成り立たなかっただろう。それに、何よりも、この人がいてくれないと、物事がうまくいかないな」とみんなに思われる人です。

まず思い浮かべてほしいのは、こういった働き方をしてきた「諸先輩」たちのこと。

職に就いてからも、自分の未来を見据《みす》えてスキルを磨き、周囲に「もっと普通の生き方を」と諭《さと》されながらも新しいチャレンジをし続け、替えの利かない存在になった人たちが大勢いますから、少なくとも、そのように生きるのは不可能ではないわけです。

もう一つ大事なポイントは、これらの人々が特別、環境に恵まれていたり、人並み以上に優れた能力をもっていたりするわけではないということ。彼らができたのは**「働き方を変えるべきだ」と気づいて、そのために努力できる人だったから**なのです。

背が高ければ、バスケットボールの選手になれる確率は高くなりますが、かといってアメリカのＮＢＡに入るスターになれる可能性のある人はごくわずかでしょう。環境や生まれつきの資質に恵まれていなくても、「行動」で勝負することは可能なのです。

では、ずば抜けて素晴らしい成果を上げるのはどういった人たちなのでしょう。

一つ確かなことは、**成功者が成功する理由は、学校教育のおかげだけではない**、ということ。

いい学校に通うことがマイナスになることはないでしょうが、そこの全員がずば抜けた成果を出せるわけではありません。

もっと別の要素があるのです。

自分にはとり立てて才能などないと思っている人でも、実はちゃんと才能をもっていますし、これからの時代はその才能を発揮することが求められています。

われわれがあるべき姿とは、**人のいわれるとおりにするだけではなく、もっと積極的に**

人と関わっていくことなのだと思います。

人々は「とにかく安い物を買えればいい」といいますが（企業も、ということです）、その一方で、同じ選ぶならオリジナリティのあるもの――つまり、**価値や経験の豊かさ、人とのつながりの深さ、そういったプラスになるものを求めている**のです。

仕事というものは「合わせ鏡」のような法則によって動いています。

もし、自分が「規則に従っているだけでもかまわない」というなら、そのような単純な仕事が与えられてしまいます。

あなたが、マネジャーの職に就《つ》いていて、「部下は従順にいうことを聞いていればいい」と思っているなら、それは自分自身もトップから「従順であること」を求められているからかもしれません。

コスト削減が第一の仕事を求める人は、自分もいつコスト削減の対象として、クビを切られてもおかしくないでしょう。

逆に、自ら動くことを求められる仕事がいいと思う人は、予想外の仕事を任されるかもしれませんし、常に頭を働かせてリスクをともなうチャレンジができる人は、必ず成功していくことでしょう。

ただし、ここで「出しゃばったことをすると、まわりに嫌われるのではないか」と心配する人もいます。

「自分の意見を述べたり、自分のやりたいことをやったり、みんなが当たり前だと思っていることに疑問を投げかけたり、新しいアイデアを出したりすると波風が立つのでは？」

今の世の中には、このように人とぶつかることを恐れて、引きこもってしまう人が増えています。

実際、組織のかなめになるようなユニークな生き方を選べば、嫌われることだってあるでしょう。

しかし、嫌うのはおそらく、これまであなたに好意を抱いていた人とは別の人たちですし、ネガティブな感情が生まれてくるのは、あなたが生まれ変わったからにほかなりません。

マイナス発言で足を引っぱろうとする人たちは、放っておけばいいのです。

「パイの分け前」は決められているか

どの組織にも、「守り」に入る人がいます。こういった人々は、市場を有限なものとみなしていて、「誰かが勝てば誰かが負ける」という発想をしています。

一方で、才能を活用すれば「市場」という名の大きなパイが膨らみ、無限に拡大し、自分の取り分もどんどん増えていく――と考えることもできます。

前者のような考え方で、すべての人の能力が平凡だと思えば、パイの大きさは変わりません。自分に与えられた仕事だけをやっている人にとっては、仕事はゼロサムゲームに過ぎません。

自分と同じような能力の人が、自分の職場に新しく入ってくれば、与えられる仕事が減って、立場が危うくなる――そう考えてしまうのです。

一方、後者のように才能を発揮して変化を起こし、生産性を高めていけば、需要は拡大していくという考え方に立つと、利他的な態度こそがベストの戦略だと考えられます。

知恵を使って生産性を高め、自分のみならず他人にもトクになるよう行動していけば、市場は拡大してより効率的になっていくと考えるのです。

そうすればチャンスも増えて、誰もが幸せになれます。

たとえば、すべての優秀なプログラマーに最高のツールとテクノロジーを与え、優れたマーケティングを展開すれば、ＩＴ業界が大いに盛り上がるかもしれません。

世界各国から優れたプログラマーをとり込んで業界の規模そのものが大きくなれば、国内の需要も増え、自国のプログラマーにもたくさん仕事が回ってくるはずです。

こうして社会全体が活性化すれば、ゆくゆくは自分自身にもその恩恵が返ってくることになるのです。

■■■ なぜ人は成功できるか――アップル社のジョブズの「事情」

新しい働き方というと、「自分には、そんな特別な才能などない。生まれもった素質やＤＮＡもないし、教育も環境も人脈もたいしたことはないのだから無理だ」――と、腰が引けてしまう人がいます。

本当にそうでしょうか。

「アマゾン」の創業者ジェフ・ベゾスや「アップル」を立ち上げたスティーブ・ジョブズは養子です。

ネルソン・マンデラは牢獄にいながら世界を変えました。

ネブラスカ大学を中退したキャシー・ヒューズは、黒人女性として初めてアメリカ国内の上場企業の経営者となりました。

決して「恵まれた」とはいえないような境遇と才能で成功した人々の例は、ここには書ききれません。彼らは自分の能力を信じて、「変わろう」という選択をしただけです。

すべての人は同じです。

四歳のときには優れて個性的なクリエイターでしたし、七歳のときには誰とも違う豊かな詩人の感性をもっていました。

アルバイトの経験があるなら、すでに立派な経営者です。問題は、自分にその気があるかどうかです。

時に、かなめの人間になろうと決意するのは、リスクが大きいように思えるかもしれません。

あるいは、経済的なことが心配で二の足を踏む人もいるかもしれませんが、そんな心配は無用です。組織のかなめになることを目指すのは、むしろ豊かさにつながる大きな一歩です。

ここまで読み進めてこられてもなお、「自分には、特別な存在になることなど本当にできない」と答える人がいるとしたら、そのような人に対しては「そんなことはありえない」とだけ申し上げておきます。

「私には関係ない」という態度の行く末

かつて働き手に求められていた条件は、次のようなものでした。

・指示に従う
・出勤時間に遅れない

・勤勉に働く

これらの条件を守れば、それ相応の見返りが得られたわけですが、このような時代はもはや過去のものとなりました。

世界で急速に広がりつつある**「新しい働き手の条件」**は、次のようなものです。

・目立った存在になる
・利他心をもつ
・創造的になる
・判断したことに責任をもつ
・人やアイデアを結びつける

このような人には、その価値に見合った報酬が飛び込んでくることは間違いありません。

あなたのいる会社が、今働いている社員をクビにして、もっと仕事ができる人を入れようとしている――と、想像してみてください。それはどういう人たちでしょうか。

単に、もっと長い時間働けたり、仕事の経験が長かったり、学校のテストの成績がいいような人を会社が選ぶでしょうか。

今の社会で戦力として求められているのは、**より人間的で、人とのつながりを大切にする、成熟した人たち**です。情熱的でバイタリティーにあふれ、事態を冷静に見つめ、さまざまな問題を考慮しつつ、会社にとって有益な決断を下していける人。そして、変化に柔軟に対応し、はい上がるガッツがある人が求められているのです。

これらの資質は特別な才能などではなく、覚悟さえもてば、誰でも手に入れられる力です。

「それは私の仕事じゃないから」というような他人任せの態度では、こういった資質は身につきません。

以前、週末の金曜日にアマゾンのウェブサイトがおかしくなったことがありました。ケアレスミスのせいで、何千冊ものアダルト商品がリストから消えてしまったのです。その週末は何千ものブログやツイッターで、「検閲ではないか」と批判の声が上がりました。

会社が対応したのは日曜の夕方になってからでした。この間のネット上の三十六時間というのは、実社会の一カ月にも等しい長さです。

なぜこんなに手間どったのかというと、おそらく、サイトをチェックして自分の裁量で対応しようとする社員がいなかったからです。

工場で行なわれる単純労働においては、自分の領分以外に手を出すのは確かに危険なことですが、今の会社で必要な存在なのは、**「やるべき仕事を自分で見つけてできる人」**だけなのです。

先を見ている経営者はなぜ、こんな人材を欲しがるのか

組織の上からの指示にこれまでよりきちんと従ったら、昇進できるのか。あるいは、意欲的に仕事にとり組み、さまざまなことに注意を向けて対応していったほうが出世できるのか。

この問いについても答えは明白です。**チャンスは「組織に必要不可欠な存在」になった**

ときにやってくるのです。

組織のかなめになれば、必然的に会社の評価もよくなって給料も上がります。

さらに意味のある仕事をして組織に貢献できていると実感すれば、自分にも自信がもてるでしょう。

それに、仕事に対してもっと情熱がわいてきますし、顧客や同僚との関係もより良好になっていき、それによって会社にさらなる価値をもたらしていくことができます。

経営者の立場から見ても同じです。

こういう社員がいてくれれば、経営者は大きな力を得ることができます。

理由は二つ。

一つは、競争相手も長い間、同じように個性のない社員を雇ってきたという事実です。

目の前に個性のない二つのサービスがあれば、消費者は安くて速いほうを選びます。経営者としては客を失いたくないので、安易に安売り競争に参加したくなりますが、それでは利益は期待できません。いずれ、アマゾンのような、個性もあって大きい会社に勝てなくなってしまいます。

そこで**会社に個性をとり戻し、スピーディに動ける態勢をつくって顧客との距離を縮め**

たいと考えます。

このとき、替えの利かない従業員が組織のかなめになってくれれば、会社には個性が生まれ、高い利益を上げていくことができます。そして会社自体も、世の中にとってユニークな存在になっていくでしょう。

理由はもう一つあります。組織のかなめとなる社員が一人いるだけで他の社員たちも、驚くような創造力を発揮しはじめるのです。**自分が必要不可欠であるという自覚をもった人は、仕事に積極的にとり組んでスキルを高め、給料を上回る結果を出していきます。**

彼らは仕事の質を高めたい、よりよい結果を出したいと自然に思うようになり、いい加減な仕事をすれば良心が痛み、時間をムダにしたと感じます。

そのように努力する社員への見返りに、自由と責任を与え、人としての価値を認めれば、彼らにとっては何よりの喜びとなります。

組織のかなめとなる社員は、さらに一生懸命働き、与えられた報酬以上の利益を生み出し、長く会社に留まるでしょう。

人間は誰もが「人に認められたい、人とつながりたい」という気持ちをもっているからです。

今までのシステムからいち早く抜け出せる人が強い

今までは、社会のシステムに従い、お金をあまり考えることなく使い、「仕事は仕事」と割り切ってそつなくこなすことでやっていけました。

けれども、この方法はもううまくいきません。社会全体も停滞していますし、誰もが大きなストレスを感じています。

われわれは一分の隙もなく組み上げられた「工場経営者に都合のよい枠組み」の中で、長く生きてきました。

しかし、ここ数年は、**このシステムから早く抜け出した人のほうが成功する可能性が高いことが明らかになってきました。**

進化生物学者のスティーブン・ジェイ・グールドはこんな指摘をしています。

「暴力、性差別、不品行などはもともと生物に備わっているもので、生物の行動パターンの一領域が表われているにすぎない。一方で、穏やかさ、公平性、優しさなども生物にもともと備わっており、それらが広まるのを可能にする社会の枠組みをつくれば、そういう態度が増えていく可能性がある」

この指摘にもう一点、つけ加えておきましょう。ちょっと勇気を出せば、誰でもクリエイティブ能力を発揮して、リーダーシップをとることができるのです。

ほとんどの人間が「あなたは特に才能があるわけでもないし、目立つわけでもない、そこそこ普通の人です」と教えられて育ちますが、**私たちが自分のことをそう考えるようになるのは、学校に行くようになってからのことだったはず**なのです。

■■■ 世界は「工場化」されてきた

工場というと、製造ラインやそこの歯車として働く人々といったイメージがわいてくるかもしれませんが、ここでは「規格化された組織の中で人々が報酬を受けとり、いわれたことをやる場所」と定義することにします。

そう考えると、生命保険会社も、自動車の製造工場も、みなさんの家の近くにあるファストフードの店も同じ「工場」です。これらはみな、そのような働き方を想定してつくられ、一世紀以上にわたってわれわれの経済の基盤となってきました。

現在、政治家などの社会の指導者が憂《うれ》いている問題は、地球温暖化や安全保障、資源の枯渇、インフラをどうやって維持するかといったことですし、ベビーブーム世代の心配事は老後や医療についてです。

しかし、百年前の指導者が困っていたのは、今ではちょっと考えられないようなことでした。それは、

・工場労働者をどのように確保するか
・つくりすぎをどうやって回避するか

と、いうことだったのです。

労働力も「人的資源」だと考えると、工場経営者としては、より質のいい安い人材を求

めます。それを実現させるために、産業界と政府のトップたちは社会をつくり替えてきました。

彼らは莫大なお金と時間をかけて全国規模の学校制度を整え、工場そっくりに管理するやり方を強引に進めてきたのです。

誰もが無償で教育を受けられる普通教育の実施は、私たちの社会にとって大きな変革であり、文化そのものを変えていく試みでしたが、試みは首尾よく成功し、無数の労働者を生み出せるようになったのです。

また同時に、工場の生産力が高まるにつれ、製品が余ってしまうのではないかという懸念も生まれました。

一八九〇年代に贅沢品を買う余裕があるのは、本当に裕福な人々だけで、平均的な若者は服を数着しかもたず、化粧品などもほとんど使いませんでした。

しかし、その時期に導入された普通教育によって、予想外の効果がありました。それは商品が広まるネットワークが生まれたことです。

学校でクラスの誰かが新しい文房具を買ったり、町の誰かが車を買ったりすると、他の人も欲しくなります。誰かが部屋を増築したり、二足目の靴を買ったりすれば、それを真似する人が出てきます。

こうして一つの世代が交代する間に、私たちは消費文化を築き上げ、それまでと異なる生き方が急に広まったのです。

「あの人がそうしたから自分もそうしないといけない」という生き方は決して本能的なものではなく、ごく最近になって私たちに植えつけられたものなのです。

今までの「当たり前」が変化するとき

※本書には、いくつか長い脚注コラムがあります。歴史的、科学的観点から興味深いと思う情報を書いておきました。著者の私は、いつも本を読んでいるとき脚注を邪魔だと感じることが多いので、本文に組み込んでコラムの扱いにしました。読むかどうかはご自分で判断してください。

近年、仕事のあり方は**「小さな貢献」**と**「細分化」**という考え方で変わってきました。

ジミー・ウェールズが小さなチームを率いてはじめた「ウィキペディア」は、かつて人々にもっとも読まれてきた事典を駆逐《くちく》してしまいました。

『ブリタニカ百科事典』は一七六八年に創刊され、現在も百人を超える専属の編集者を抱えています。創刊からの二百五十年で製作に費やしたお金は、おそらく一億ドル（約百億円）を超えるでしょう。

一方、ウィキペディアは同事典よりもずっと規模が大きく、多くの人に読まれており、情報の鮮度においても勝っています。しかも、ほとんどコストがかかっていません。一人の人間ではこのような事典はつくることができなかったでしょう。千人でも無理です。それができたのは、ウィキペディアが、専門家を名乗るひと握りのスタッフに高給を払う代わりに、**何百万人もの知識人が小さな貢献をする共同作業**を成立させたからです。

ネット販売の「アマゾン」もこの方式をとり入れたサービスをはじめました。「アマゾン・メカニカル・ターク（機械じかけのトルコ人）」のサイトは、個人や企業から依頼された仕事を細切れにして大勢の裏方に振り分けています。

また、作家のジョン・ジャンチは約四十五分の会話音声ファイルを、同じしくみのサービスサイト「キャスティング・ワーズ」に送りました。

このサイトは音声を細切れにして無名の働き手に送信し、各人が文字に起こしてくれるのです。すると三時間とたたずにファイルの内容が活字になってジョンの元に届きました。

かつて「会話や音声をテキストに起こすビジネス」の相場は一分あたり二ドルで、四十五分なら九〇ドルですが、「キャスティング・ワーズ」なら一分あたり五〇セント以下。このしくみを使えば、八〇ドルの仕事が二十ドル以下でできてしまうのです。

これは仕事のしくみが変わったことで、業界全体が一八〇度転換してしまった一つの例といえるでしょう。

「とり替えが利く」文化をつくったのは誰だ?

労働者をとり替えの利く部品にするたくらみは、一七六五年にはじまりました。フランスのジャン＝バティスト・グリボーバル中将が、マスケット銃の部品をすべて同じものにすれば、修理代や製造費が安くなる、と思いついたのです。

それまでは、あらゆる機械の部品を手作業で調整していたので、銃の引き金も銃身も他の銃に使うことはできませんでした。

やがて、後にアメリカの大統領となるトーマス・ジェファーソンがパリでグリボーバル中将と会い、彼のやり方を自国に導入したいと強く訴えました。

ジェファーソンの友人であるイーライ・ホイットニーは連邦政府から一万丁の銃をつくるよう命《めい》を受けましたが、互換性のある部品をどのようにつくるかが最大の課題だと考えました。

武器製造業者は、何十年もかけて銃の標準的な部品をつくる技術の開発にとり組みました。

他の業界もこの動きに追随しましたが、こちらはかなりのスローペースでした。シンガー社のミシンでさえ、一八八五年の時点ではまだ個別に造られていて、部品の融通《ゆうずう》は利かなかったようです（同社のミシンは当時、アメリカで大量に出回っていた機械の中でもっとも複雑なものだったと思われます）。

この状況を変えたのが「フォード・モーター」の創設者ヘンリー・フォードです。

彼が大量生産の技術を発明して普及に努めたことで、車が安く大量に出回るようになり、わずか二年後には、生産量が五倍になる工場も現われました。

大量生産のカギは、すべての部品をとり替え可能にすることにあります。規格が同じになったために、時間、スペース、人材、作業、費用、材料のすべての効率が上がりました。

その結果、当然のように熟練工や仕上げ工、個別に部品をつくる職人などは排除されていき、従業員の賃金も抑えられましたが、会社の規模は拡大しました。

部品をとり替えられるようにしたことで、従業員もとり替えが利くようになってしまったのです。

一九二五年にはこのパターンはすっかり定着し、最低限のスキルをもった人間を可能なかぎり低賃金で働かせることが経営者の目標になっていきました。

“ものを考えない人”ほど、表面だけ変えたがる

子どもたちは（空を飛ぶこと以外なら）どんなことでもやってのけます。

生まれながらに型にはまっている子などいるはずはないのですが、それがどこかの時点で洗脳され、だんだんおとなしくなってしまいます。

「自分には大きなことを成し遂げたり、人が驚くような成果を上げたりすることなんてできない」というのが、現行のシステムに浸りきった人の典型的な言い訳ですが、そんなことはありえません。

私はこれまで、組織のかなめとして活躍する、才能豊かな人たちと一緒に働いてきましたが、彼らがその他大勢と違っているのは**「自分で自分を縛る考え方にとらわれていない」**という、その一点に尽きる気がします。

私は以前、指揮者のロジャー・ニーレンバーグの音楽教室に参加したことがあります。

彼ははじめ、交響楽団の人たちに、タイミングをできるだけ合わせるように指示して演奏させました。次に、自分のよさを出し、全体の方向性にとらわれず自分が演奏したいように演奏するよう指示しました。

ところが、二つの演奏の違いは、会場にいた一般の人々には聞き分けられない程度の差でしかありませんでした。

これは、私たちが「出しゃばるな」「はめをはずすな」と教えられてきたことに原因があります。団員たちは、「個性を発揮している自分」を上手にイメージすることができていなかったのです。

いわゆる「創造力」というのは、みんなが青や白のワイシャツを着ている職場に、ピンクのワイシャツを着ていくことではありません。それはただの「目立ちたがり屋」です。

このような傾向は、あらゆる組織に見られます。人と違うことをやれというと、独創的とはどういうことかという本質の部分を考えず、「表面をちょっとだけ変える」のです。

しかし、**チャンスをつかむには、ルールを変え、アプローチを変え、時には物の見方そのものを変えなければなりません。**

研究で明らかになっていることですが、人間は怖い状況で学習したことはいつまでも覚えている傾向があります。戦場で学んだことや、熱いやかんで指をやけどしたときのことは絶対に忘れませんし、危険を回避できたときの行動も体に染み込んでいます。

社会はこの恐怖心を利用し、手っとり早く従順な人間をつくってきました。

学校での赤点の恐怖、新卒採用であぶれることへの恐怖、集団に溶け込めないことへの恐怖——本当に教えるべきなのは「当たり前だと思われている物事に疑問を抱くこと」なのに、それを抑えつけるようになったのです。

■■■学校で習ったこと・習わなかったこと

学校は「教えるべきことを教える」のは得意です。その点に関しては、機能しているといってよさそうですが、問題は教える内容が間違っていることにあります。

現在学校で教えられていることをリストにしてみましょう。

集団に溶け込む
先生の指示に従う
ノートをとる
休まない

テストのために勉強する、期限を守る
きれいな字を書く
年長者に逆らわない
進学する
きちんとした履歴書を書けるようになる
失敗しない
あまり出しゃばった発言をしない
そこそこスポーツをこなせるようになる
多くの課外活動に参加する
一つのことを学習したら次に移る

これらについて、考えてみなければならないことは二つあります。

・この中で、絶対に必要な資質は何か
・社会に必要な人材を教育できているか

もちろん、優秀な教師がいないわけではありません。そのような教師はちゃんといて、組織のかなめになれるような人間を育てようと必死に努力しています。問題は、〝個性的でユニークな存在〟を疎外し、官僚的な人間に厚く報いるシステムにあります。

「鋼鉄王」と呼ばれたアンドリュー・カーネギーは、州兵まで動員して強引にストを鎮圧させた人物ですが、彼は労働争議を起こさせないカギは「教育を最低限の水準に抑えることだ」という結論に達しました。

彼のモデルはきわめて単純。

資本家にとっては、よくいうことを聞き、生産能力に優れていて、生み出した商品以下の対価で働いてくれる労働者が理想なのです。資本家の懐《ふところ》に入るのは、その差額にほかなりません。

それには、カーネギーが見通していたように、巨大な産学共同体をつくり、必要最低限のことを教え、システムに協力してくれるよう仕向けるのがベストということになります。

学校が労働の現場に似ているのは、偶然ではなく意図的なものだというわけです。

■■■人生で本当に「大切にするべき」2つの技術

学校の成績がよくても仕事ができるとはかぎりません。

学校の成績が証明してくれるのは、あくまで「学校での勉強が得意だったかどうか」ということです。

ずっと学校にいるつもりなら学業優秀なのはもちろん素晴らしいことですが、そうでなければ、手芸ができるとかフリスビーがうまいのと同じくらいの意味しかありません。

課題を出されたときに、答えを教科書から見つけ、指示に従って知識をそのままの形で使う仕事なら役に立つでしょうが、それ以外の仕事ならそううまくいきません。

学校で本当に教えなければならないのは、次の二つだけです。

①考える価値がありそうな問題を解決すること

「考える価値がありそうな」というところがポイントです。「米英戦争が何月に起こったか」といった問題の答えを出せても、ウィキペディアでいつでも調べられる現在では何の価値もありません。グーグルで検索できないような問題の答えを出せることのほうがずっと重要です。それはたとえば「あなたは次に何をすべきか」といった問いです。

学校では、生徒に幾何学《きか》を完全にマスターさせて卒業させようとしますが、そのような人材が求められるのは、直角三角形の斜辺の長さを計算できないといけない仕事でしょう。もし幾何学を勉強するメリットがあるとしたら、それは「考える価値のある問題を解決する訓練になる」からです。

本当は、一つのことが解決したら、次は新しい問題、もっと考えるべき問題を自分で探していかなければ何の意味もありません。

②先頭に立って人を引っ張っていくこと

これは生まれもった素質などではなく、身につけられるスキルです。リーダーシップは、聞き分けのよさを身につけるのと同じくらい簡単に身につけることができます。

今の世の中に何より必要なのは、従順さではなくリーダーシップのほうです。

■■■「求心力」のゆるい組織は長続きしない

歯車の軸は別に高価なものでもありませんが、それがなければ車輪も歯車も回りませんから、なくてはならない「かなめ」のようなものです。

あらゆる組織には、そのように「かなめ」となる人が最低でも一人はいます。中には、何十人、何千人というケースもあるでしょう。彼らは、それぞれの仕事の核となる存在です。このような人物がいない組織はまともに機能しません。

彼らは簡単に他の人で代用できませんし、失えば損失になりかねません。そこで、明らかなことは二つ。

①企業は今、組織のかなめを必要としている。特定の人間に頼ることに不安を感じるとしても、工場の時代が終わった現在、選択の余地はない

②誰でも組織のかなめになることができる。そうなるための努力は必ず報われる

もっともわかりやすい例は、社長や起業家です。「アップル」のスティーブ・ジョブズや「アマゾン」のジェフ・ベゾスなど、いつもメディアを賑わせている人々がその代表です。彼らを見れば、誰もが「代わりができる人はいないだろうな」と思うことでしょう。

では、街角で野菜を売っている露天商はどうでしょうか。

安くて便利なスーパーマーケットが近所にありますが、その先に、足を伸ばしてでも買いにいきたくなるような店を出しているおじさんです。そのおじさんとのやりとりが楽しくて、ついそこまで行ってしまいますが、彼がいなくなれば、そのエリアに行かなくなるでしょう。店も商品も彼あってのものです。

つまり、少なくともあなたにとって、その人は「なくてはならない存在」です。

あるいは、ある営業マンが気に入ったから大きな買い物をした、という経験はありませんか。

彼は、その商品を買うプロセスにおいて「かなめ」と呼べる存在だったわけで、もしも、別の担当者に代わってしまったら、そもそも買わなかったかもしれません。

その営業マンはあなたにとって「必要な人」だったのです。

たとえば、おしゃれなショップやレストランに足を踏み入れるとき、どんな気分になるでしょう。

冷静に考えればそこまで特別なことではないのに、ちょっとワクワクするはずです。それは、その店が、物づくりの情熱をもった人たちによってつくられているからです。

アメリカのセレクトショップ「アンソロポロジー」のキース・ジョンソンは、商品を仕入れるために一年の半分は世界を飛び回り、フリーマーケットやガレージセールを訪ね歩いているそうです。

大半はディスプレーのためですが、そうして彼が集めてきたアイデアが存分に店に活かされています。おかげで「アンソロポロジー」は、ファッション感度の高い大人の女性に大人気ですが、彼のような人間こそ店にとってなくてはならない存在なのです。

もし、あなたが経営者だったら、こんな会社全体を変える力をもった人をクビにするでしょうか。そんなことはあり得ないでしょう。

組織のかなめが起こす「レバレッジ効果」

ヴァージン・グループをつくったリチャード・ブランソンがやっていることの大半は、われわれにもできることです。

唯一の違いは、たいへん短い時間で行なわれるビジネスの決断です。

ブランソンはその時間を活かして、新たなビジネスチャンスを見つけ、正しい判断をし、グループのブランドや事業と消費者を結びつけ、数年おきに数十億ドルの価値を生み出しているのです。

仕事で生み出しているものの価値が大きいほど、その価値を生み出すのに実際に費やされる時間は減ります。

私はこれを「組織のかなめのレバレッジ効果」と呼んでいます。

早い話が、成功者はいつもズバ抜けた才覚を発揮しているわけではありません。

優れた実業家も、プログラマーも、才能のひらめきは間欠的なもので、残りの時間は、ほとんどの人がありふれたことをしています。

ただし、そのひらめきの陰には、多くの下積みの努力や、専門知識の勉強が隠れていることをお忘れなく。

はた目にはいきなり天才的な成果を上げているように見えても、そういう地道なプロセスを踏んでいるものなのです。

日々の仕事の中で、どうしてもあなたがやらないといけない仕事なら、たとえ平凡なことであってもやり方を改善できるところがないか考えてみましょう。**どんな仕事でも必ず変えられる部分があるもの**です。

たとえば、ツイッターのように、それまで他人が目をつけなかった画期的なサービスや事業を立ち上げるのは、誰にでもできることではありません。

このような行動を起こすには創造力が必要で、なおかつ私たちは今、これまでになくそういう資質が問われる時代を迎えています。

アイデアなど思い浮かばないといっている人は、自分を安売りしているのと同じです。創造性を養う努力をしていないから、おもしろいアイデアが浮かんでこないのです。

一方「そんなアイデアは自分にだって思いつける」と簡単にいう人も、何もわかっていません。思いつきそのもの以上に、創造性と価値を生み出そうとする意志こそが貴重なのです。

■■■「一〇〇倍の価値」をつくる社員

会社から与えられた機械的な仕事をこなしているだけでは(私のいう「工場労働」です)、優秀な従業員とずば抜けて優秀な従業員の差はほとんどありません。

部品に穴を開ける機械を扱う労働者が一時間に二十個の部品を処理できるとして、ずば抜けて優秀な人が処理したとしても、その数は三十個に満たないでしょう。世界最高の能力をもった人でも、優秀な人と大差はないはずです。

一方、アイデアを考えたり活用したりする場合、この差は極めて大きなものになります。

アップルのデザイナー、ジョナサン・アイブは、一般の優秀なデザイナーの百倍の価値を生み出しました。どのメーカーのMP3プレイヤーも、音楽を演奏するという意味では同じなのに、iPodだけがなぜもてはやされるのでしょうか。

「利益を最大にする」働き方とは?

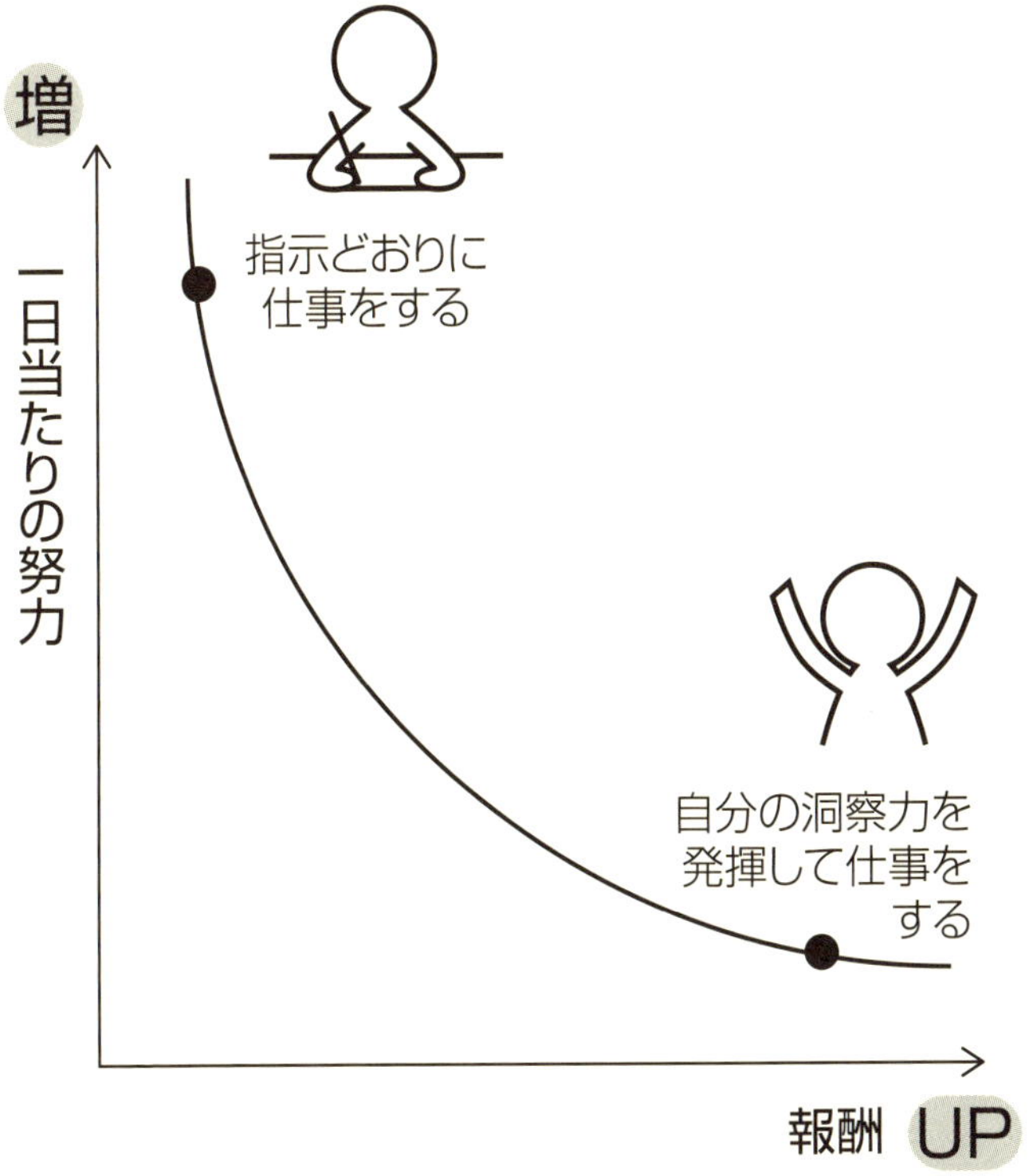

この成功に、「アイブが生み出したデザイン」が大きく貢献しているのです。平均的なデザイナーを雇っている会社とアップルの株価を比べれば、そこには天と地の開きがあります。

極めて優秀なベテランプログラマーの中には、優秀なプログラマーと同程度(年収二十万ドル＝約二千万円)の報酬で働きながら、五百万ドル(約五億円)の価値を生み出している人もいます。ここまで来ると、会社の利益がその人の肩にかかっているといってもいいでしょう。

平凡な従業員に頼っている会社は、安価な労働力と引き換えに、非凡な成果を犠牲にしているのです。

■■■「知識に頼る人」が危機的な状況に

インターネットは専門知識の価値を低下させました。ネットワークによって知識が共有できるようになったからです。今や、参考書に書いてあるような知識をたくさんもっているというだけでは生き残れません。

現在、大きな価値をもっているのは、知識にもとづいて優れた判断ができる人です。専門知識を活かしてさまざまなことの意味を見極められる人や、細やかな洞察力を発揮できる人も貴重な存在です。

知識だけが欲しいなら、わざわざ社員として雇うより、ネットで専門家を探したほうが安上がりですし、ダイレクトメールを出したいときも、ネットで業者に頼んだほうが速くて経済的なのは当然です。

先のページのコラムで紹介したようにジョン・ジャンチは「キャスティング・ワーズ」を利用して、それまでよりずっと安い料金で音声ファイルを活字に起こすことに成功しました。一方で、テープ起こしを専業にしていた人は仕事が激減しています。

このような現象は、あらゆる分野において何度もくり返されてきています。

専門的な知識をもっている人たちが組織に重用され、高い報酬が与えられるのは、次の三つのケースにおいてのみです。

①その知識がオンタイムに必要で、他のところに頼んでいるとリスクが生じる
②その知識がコンスタントに活用されており、他に頼むとコストがかかりすぎる
③仕事上の判断に専門知識が不可欠で、答えを知っているかどうかが会社の専門的能力や信頼性に直結する

また、外部に頼む場合、技術はあっても会社の業務に詳しいとはかぎらず、そのことがネックになるケースもあります。

一方で、内部の人間で専門知識をもちながら「ゼネラルモーターズ（ＧＭ）」を破綻《はたん》に追いやった元ＣＥＯのリック・ワゴナーの例もあります。

「フォード」は、外部からＣＥＯを迎えたことで再生を果たしました。

デトロイトの自動車産業が解体の危機に瀕《ひん》する数年前、フォードのビル・フォード会長は自分の会社が危機的状況にあることに気づいていました。そこで、もともとボーイング社にいたアラン・ムラーリーを新たなＣＥＯに迎えたのです。

ビル・フォードが何より問題視していたのは、「社員が上からの指示でしか動かない」状態になっていることでした。

そこでムラーリーが行なった最大の改革は、高度な専門知識をもった人間をつくるのではなく、自分で考えるように社員を教育することでした。ムラーリーのようなリーダーを選んだことがフォードを危機から救ったのです。

■■■グーグルを成功に導いた社員が考えたこと

〝自由〟とは、いったいどういうことでしょうか。

その意味を知ることは大切ですが、本当にわかっている人は、意外と少ないのです。

実際多くの人が「自由は大切だよね」といいながら、その自由を活かしきれていません。

たとえば、「会社を経営する」ことはとても複雑な選択です。選べる選択肢は基本的に無限で、無制限の自由があります。

マーケティングひとつとっても、お金をかけるか、一銭もかけずにやるか。ネットを使うかどうかも自由ですし、誠実さをアピールして物を売ることも、素っ気なくクールに売ることもできます。実際、マーケティング・キャンペーンというのは一つとして同じものはありません。

日常の細かい部分に目を向ければ、さらに多くの選択があふれています。会議を開くか、開かないか。開くなら進行はどうするのか。

こうした無限の選択肢が目の前にあると、人は逆に不安になってしまい、マニュアルやトップの指示に頼りたくなります。それが不可能だと、「前例に倣《なら》いたくなる」のです。たとえ、それが過去にうまくいかなかったとしても、です！

一方で、組織のかなめになれる人たちは、地図のない状態でも新しい道を探して、うまくやっていくことができます。

「グーグル」を成功に導いた立て役者の一人、メリッサ・メイヤー。

彼女はグーグルに在籍していた時期に何十億ドルもの利益と価値を生み出しました。しかし彼女はトップ・プログラマーだったわけではなく、財務責任者でもありませんでした、し、広報を担当していたわけでもありません。

それでも彼女は組織のかなめでした。

常にクリエイティブな判断をし、ユーザーインターフェースの改善を行ない、エンジニアと人々を結ぶ窓口を機能的なものにし、仕事のできる人たちを次々と動かしました。

検索結果が「ヤフー」や「マイクロソフト」より特に優れているわけでもないのに、グーグルがうまくいったのは、検索語句を打ち込んで結果が出てくるプロセスが一貫して、すっきりしていたからです。

今ではすっかりおなじみのグーグルのユーザーインターフェースは、検索技術そのものより重要だったことになります。メリッサは、画面上の言葉の数をできるだけ少なくするよう主張し、トップページをすっきりしたデザインにするのに大きな役割を果たしました。

もう一つのグーグル成功の理由は、エンジニアが人々のニーズに即応できる態勢になっていること。

何か問題があったとき、ユーザー自身が気づいていないことも含めてグーグルの誰かが対応していくシステムを考えたのです。メリッサはそのとり組みにおいて、エンジニアとユーザーを結ぶ役目を果たしました。

彼女のすごいところは上からいわれたわけではなく、「自分の意思で」こういった仕事をしてきたことです。

メリッサの仕事ぶりをマニュアルにできれば、彼女はいらないでしょうが、それは不可能です。

彼女の実績は、**人が見ていない部分に目を向け、人が気づかない問題を解決し、結びつけるべき人を結びつけてきたところにあるからです。**

■■■進んで〝D評価〟を狙うべきとき

A～Dの四段階評価で、Aをもらえる作文などありふれています。

何の志《こころざし》もない作文でも、文法上誤りがなければ、多くの教師はB、中にはAをくれる教師さえいるかもしれません。

教師は、生徒が言葉の意味を正確に使えているかチェックしますが、人を泣かせるようないい話を書いても、素晴らしい評価を与えることはありません。

ザンダー夫妻の著書『チャンスを広げる思考トレーニング』（日経BP社）という本の中に、印象的なエピソードがあります。夫のベンジャミン・ザンダーは、音楽家として音楽学校で教えていますが、評価を気にして伸び悩んでいる生徒たちには「自分にAをあげなさい」といいます。

事実、彼はすべての生徒たちにAをあげますが、**「なぜ自分がAをもらったのか、その理由を書いて提出しなさい」**というのです。

このエピソードは、及ばなかった過去を振り返り、他者に負けまいと必死になるより、結果をイメージして前向きに努力するほうが、はるかにいいということを教えてくれます。

ここで、私はさらに大胆な提案をしましょう。

「D評価をもらう」ことを目指してみるのです。

まわりを型にはめようとする人たちが、眉をひそめるような新しいことをやりましょう。大切なのは、既存のシステムを見直し、これまで誰も考えていなかったことをやっていくこと。

それで、「問題外」のD評価を受けたのなら、何を恥じることがあるというのでしょう。

批評家タイプや官僚タイプ、マニュアルタイプの上司の顔色をうかがっていれば、知らず知らずのうちに彼らの望む働き方になってしまうのは仕方ありません。

彼らは、世間には同じような歯車が無数にいると思っていて、いうことを聞かなければ、いつでも別の歯車に替えるつもりでいます。

しかし一方で、彼らがそのようなやり方を続けていられるのは、あなたが現状を受け入れているからです。自分が変われば、状況は変わります。このまま彼らに屈するのか、自分のためにベストを尽くしていくかは、自分自身が決めることです。

「私にはそんな力はありません」という声が聞こえてきそうです。

かつてアメリカの海兵隊総司令官であったチャールズ・クルラクは、「携帯電話やソーシャルネットワークで人が常につながっている現代においては、戦場の伍長《ごちょう》の役割がこれまで以上に大きくなる」と予言しました。

彼は実に単純な法則――**「前線にいる人間ほど、組織全体のイメージに大きな影響力をもっている」**ということを発見したのです。

組織の一人がミスを犯しただけでも、致命的なイメージダウンにつながりかねません。

以前、「ドミノ・ピザ」の二人の店員が、ピザにいたずらをしているところをYouTubeで流して大騒ぎになったことがありました。この事件は事業部長が犯すミスよりも大きなダメージを会社に与えたのです。

もっと規則を徹底すれば問題はなくなる、と思っている経営者もいますが、そのような会社は、今後伸びていくことはできません。従業員同士のコミュニケーションがしっかりととられ、人間的な働き方のできる会社だけが、成功をつかんでいけるのです。

コルベールの功績

ハンドメイドの高級品はなぜフランス製が多いのでしょう。

これはジャン＝バティスト・コルベールという政治家の功績です。

一六〇〇年代当時、大英帝国（イギリス）やポルトガル、スペインなどが世界の植民地化を進めていましたが、フランスはこれらの国々に遅れをとっていました。

そのころフランスでルイ十四世に仕えていたコルベールは、周囲の帝国主義の国々に対抗する方法を思いつきました。

それは、高級品産業を生み出して振興していくことでした。世界の富裕層が何を欲しがっているかを知っていた彼は、他国から材料をとり寄せ、フランスで加工してブランド化し、高級品として買いとってもらうというパターンをつくったのです。

このコルベールの政策は、後のフランスの文化に受け継がれていきます。

カギを握っていたのは職人でした。ルイ・ヴィトンは、パリ郊外の自宅裏の小さな作業場でトランクを手づくりしていました。エルメスは、職人に好きなだけ時間をかけさせて鞍《くら》をつくらせました。シャンパーニュのワイン（シャンパン）も、その道ひと筋の熟練した職人の手で醸造され、世界に届けられていました。

このようにフランスが手づくり高級品に力を入れていたころ、大英帝国は工場労働を推し進めていました。最低限の労働力で綿布を製造できる織機を開発し、安価に皿をつくれる陶器工場をつくっていたのです。

やがて、「フランス製」という言葉は特別な響きをもつようになります。フランス製品は人を活かしたことで簡単にコピーできなくなり、希少価値が生まれたのです。

もはや「完璧さ」を目指すことは、役に立たない

決して交わることのない線のことを「漸近線《ぜんきんせん》」といいます。完璧さを追求する行為もこ

れに似ています。

ある製品を十個つくると一個不良品ができてしまうとしましょう。この不良品の率を減らすことができれば、自分にとっても取引先にとっても大きなメリットになります。

不良品が百個のうち一個になればかなりの改善ですし、千個のうち一個のレベルになればすごいことですが、それでもまだ完璧ではありません。

一万個に一個のクオリティなら、製品によってはまず問題視されなくなるでしょう。

このように完璧さを目指す漸近線を図にすると、89ページのような感じになります。

完璧な状態に近づくほど、改善するのはどんどん難しくなっていき、改善できたときのメリットも減っていきます。

確かにバスケットボールのフリースローの成功率が九八％から九九％になれば、その選手の公式記録の順位は上がるかもしれませんが、それで試合の勝ち数が増えるかどうかは別の問題です。

しかもその一％の改善を達成するには、九八％の水準を達成したのと同じくらいの時間をかけて努力する必要があります。

どの職場にも、問題を指摘されないようにしたいがため、求められているクオリティを達成しようと、努力し続けている人がいるでしょうが、これほどムダなことはありません。

一方、人とのつながりやコミュニケーションや、問題解決のための画期的な方法を思いつく能力には漸近線は存在しません。

ミスをなくそうとやっきになるより、どんどん「可能性を広げていく」ことが大事なのです。

「かなめになる人」になって創造性を発揮しようとすれば、ミスは避けて通れませんし、「求められているクオリティ」という物差しもありません。そのようなものを設定した時点で、価値がなくなってしまうのです。

■■■「行列のできるカフェ」に大きなヒントがある

本書でいう「アーティスト」になるためには、特別な仕事に就かなければならない。

そんなふうに考える人もいるかもしれませんが、決してそんなことはない、という例を紹介しましょう。

品質が完璧に近づくほど、労力もかかる

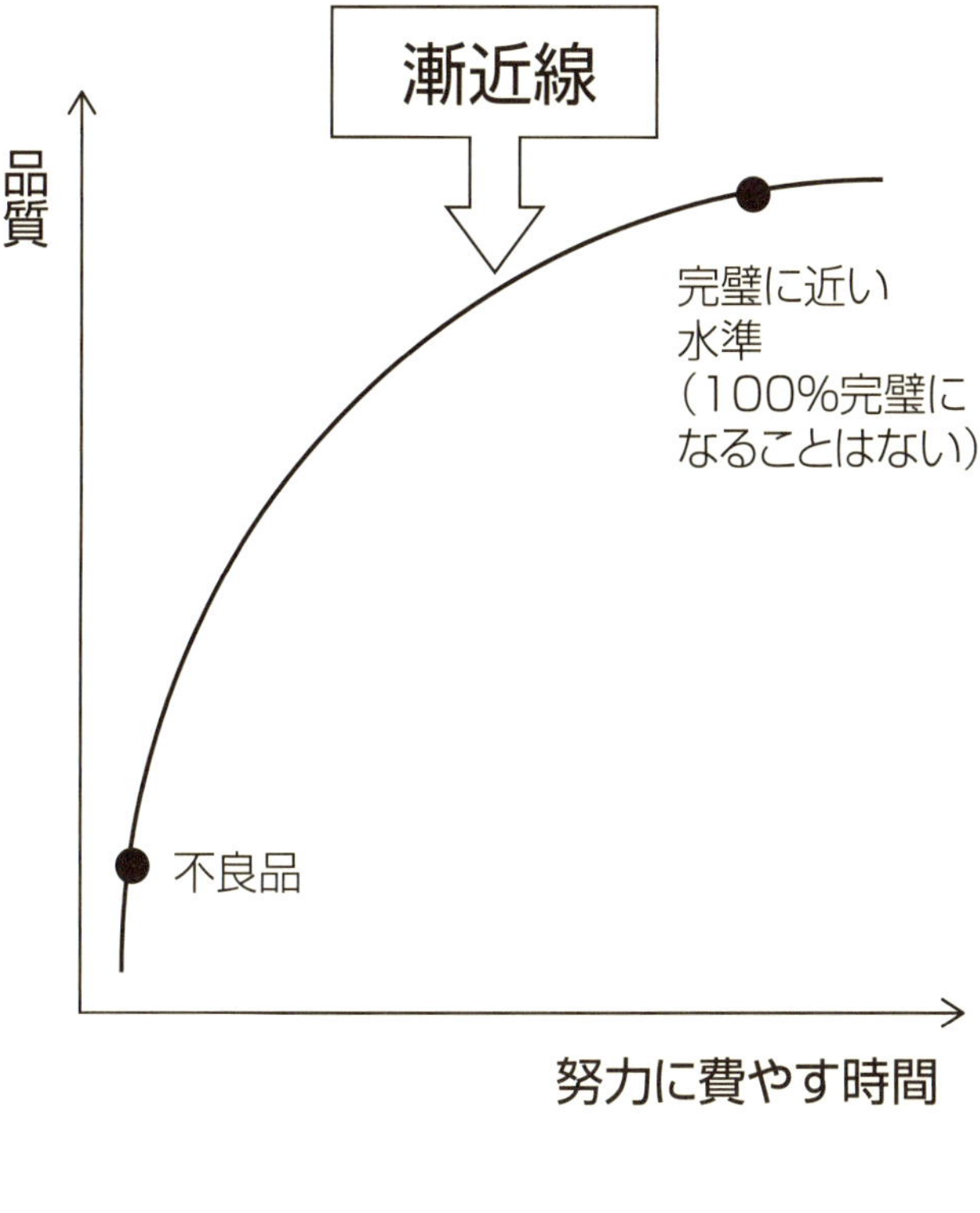

デビッドは高級カフェチェーンの「ディーン・アンド・デルーカ」のニューヨーク・ミッドタウン店で六年間働いています。この店は従業員の出入りが激しく、六年も勤めるのはまれなことです。

彼は観光客の列のところに歩いていくと、明るい声でこう叫びます。

「お客さま、お手洗いは二階にもございますよ。そちらへどうぞ」

彼は笑顔を残し、てきぱきとテーブルをふいて品物を並べ直す作業に戻っていきます。単調な作業ですが、本人はまるで気にしていない様子です。

デビッドはその後も客に快くあいさつをし、あちこちに気を配り、「お席を離れていらっしゃる間にテーブルを見ていますよ」と声をかけ、客の求めに応じて品物をとってきます。チェーン店のカフェでそこまでやっていたのです。

私がなぜそこまでするのかと尋ねると、彼はにっこりほほ笑み、こういいました。

「お客さまに喜んでいただくためですよ」

ほとんどの人は、彼の仕事が将来性のない単純労働で、六年も働くのはさぞ退屈だろうと思うでしょうが、デビッドは、人に喜びを与えるチャンスだととらえているのです。彼の「心の労働」の報酬は、客に喜んでもらえることでした。

デビッドは一人ひとりとコミュニケーションをとり、明るい気持ちで一日を過ごしてもらえるようにクリエイティブに働いています。誰にでもできることではありませんし、できたとしてもやらない人も多いでしょう。

デビッドの「才能の履歴書」を書くとしたら、どんなものになるでしょうか。たいていの履歴書には、彼の素晴らしい働きぶりを書き記す欄はありません。

組織のかなめとして働こうとするとき、履歴書はかえって邪魔かもしれません。

そこには人をはじくための情報が満載されていて、「これができない、あれもできない」と否定され、不採用になりかねません。

履歴書にこだわることは、組織の求めるままに流され、自ら歯車になり、巨大企業の使い捨ての駒《こま》として働くことを意味します。

われわれは現行のシステムが生み出した学力テストや、上意下達のやり方で自主性を奪われてきましたが、履歴書も同じシステムから生まれてきたものです。

そのようなものがなくなったときに、自分に残るものは何でしょうか。

たとえば、経営者の知人や尊敬している人の推薦状があったらどうでしょう。

新規ビジネスについての優れた企画書をもっているとしたら?

企業をうならせる、先見の明に満ちた分析をブログに綴っていたらどうでしょう。

「そんなことは自分にはできない」という人もいるかもしれません。

まさにそこがポイントで、そう思っている人こそ「**自分が目立てるもの、輝けるものは何か**」と考えてみることが大切なのです。履歴書に頼りきっていたら、自分の本当の魅力を伝えることはできません。

履歴書がなければ何も残らないという人には、人々が憧れるような仕事を決して手に入れることはできないのです。

今後、「履歴書」は何の力ももたない

その実例を紹介しましょう。

グーグルで「ジェイ・パーキンソン（Jay Parkinson）」という名前を検索してみてください。すると、アメリカの医療システムを変えている医師の情報が出てきます。

「サーシャ・ディヒター（Sasha Dichter）」なら、発展途上国の人道支援を変革している

人が見つかります。

「ルイ・モニエ（Louis Monier）」で検索すると、検索エンジンの神様について知ることができます。

組織のかなめとして活躍しているこうした人々は、無数におり、履歴書ではなく、実績で勝負しています。

ここに挙げた三人のうち二人は、起業家ではなく、もとは勤め人で、数年前まで組織の中で働いている無名の人たちだったことを考えると、これは大変化でしょう。

しかし、インターネット時代の今なら「自分の才能を大勢にアピールすること」が可能です。**口先でアピールするだけではなく、目に見える形で示すこと。自分の企画を、履歴書にしましょう。**

行動し、人脈をつくり、思いやりの心を養っていく。自分のブログで得意分野についての先見の明に満ちた考えを示せば、話題になるかもしれませんし、ネットを使って人を助けていくこともできます。

たくさんは売れないけれども需要のある商品群のことを、グラフで長い尻尾のように見えることから「ロングテール」と呼びます。

これは商品にかぎらず、人にも当てはまります。人気ロック歌手や有名ＣＥＯにはなれなくても、地道に自分を売り出す方法は必ずあるものです。

まわりの人たちがきちんと評価してくれるかぎり、必ず成功できます。

では、独自の才能を前面に出して、それに見合った仕事を見つけていくには、どうすればいいのでしょう。

正直、従来型の企業をターゲットにするかぎり難しいでしょうから、組織のかなめになれるような人の価値をわかっている会社を探し、履歴書だけで人を選別しない、「人間」を雇う企業を見つけるのです。

ここで重要なポイントは二つあります。

一つは、その会社が組織のかなめとなる人材を重視する会社であること。人をモノ扱いせず、従順そうだが無能な人間を雇うようなことをしないところであることです。

もう一つのポイントは、自分の専門分野で優れた能力をもち、さらにその能力をアピールする意欲を兼ね備えていること。人は履歴書ではなく、仕事ぶりで評価されるべきなのです。

たとえば、「アイディオ」という会社は新しい方法でマーケティング担当者を採用しています。

応募者にパワーポイントで履歴書をつくらせ、それを面接官の前でプレゼンさせるのです。自分の考えをアピールし、質疑応答をリードし、とりまとめる能力が試されます。

これも、人と関わったり信頼を勝ちとったりする能力、知性、存在感、社交性など、現代社会で武器となる本物のスキルを見極める新しいやり方です。

デキる人は「イエス」と「ノー」をこう使い分ける

デキる人の「仕事へのアプローチ」は二種類あります。

一つは、**「絶対にノーといわないアプローチ」**。どんなことにもイエスの答えを見つけ出すタイプです。

彼らは、何とかして突破口を切り拓《ひら》こうと努力し、ついにはその突破口を見つけ出します。実に得難い人たちです。

意外かもしれませんが、この逆の態度で組織のかなめになっている人たちもいます。このタイプは、「コンスタントにノーをいうアプローチ」です。

明確な目標とビジョンがあり、優先順位をわかっているので、それに合わないものをきっぱり拒絶し、よりよい成果を上げるために中途半端な妥協をしないのです。

どちらのタイプも、将来を見据《みす》えて正確な判断を下していける人たちですから、使いどころを間違えなければ大変貴重な存在となります。

私の家の近くの大型スーパーでレジ係をしているスティーブは、仕事に不満だらけです。ぞんざいに接客し、しょっちゅう休憩して、同僚とグチをこぼし合っています。

一方、彼と同じ時間働いているメリンダは、客の一人ひとりに丁寧に対応しています。彼女は仕事が自分を成長させてくれると思っており、買いにきてくれた人たちに少しでもいい気分になってもらおうとがんばっているのです。

もちろん、スティーブの態度はスーパー側にも原因があるでしょう。

接客態度のいい店員を店長が褒《ほ》めているところを、私はまだ一度も見たことがありませんから、利他的な態度で仕事にとり組んでいる店員が報われるようなシステムになっていないのだと思います。

さらにこの店の状況を物語っているものがあります。出口の近くに、店で働きたい人のための申込用紙があるのですが、必要事項を記入するだけでろくな面接もなく採用されてしまうのです。これは「とり替えの利く歯車を雇います」という明快なメッセージです。

だからといって、そのような働き方でいいということではありません。スティーブは店に抗議しているつもりなのかもしれませんが、彼は自分で自分のキャリアを台無しにしています。

おそらくスティーブは、「こんな職場でなければ、自分だって組織のかなめになって、バリバリ仕事ができるんだ」と思っているのでしょう。

しかし、**本気で働く価値のある仕事（あるいは組織）が見つかるまで待ち続けていたら、いつまでたっても今の状態から抜け出すことはできません。**

「本当のモチベーション」が生まれる場所

社会学者のリチャード・フロリダ教授が、クリエイティブな仕事をしているプロ二万人にアンケート調査を行ない、仕事をがんばるモチベーションになっていることを三八の項目から選んでもらいました。上位十項目として挙がったのは、次のようなことでした。

①やりがい・責任、②仕事の柔軟性、③安定した仕事の環境、④報酬、⑤仕事のスキルアップ、⑥同僚や同業者の評価、⑦刺激を与えてくれる同僚や上司、⑧仕事のおもしろさ、⑨組織の風土、⑩場所・コミュニティ

これらのうち、完全に客観的な要因は四つめの「報酬」のみで、それ以外は自分のとり組みや価値基準で変わってくるものです。

にもかかわらず、自分をアピールしてキャリアを伸ばしていくための提案をすると、否定的な反応を示す人が少なくないのはどういうことでしょうか。

アメリカの喜劇グループ、マルクス兄弟のグルーチョは**「俺が入れるようなクラブに興味はない」**とうそぶきました。

組織のかなめになる人なら、こういうでしょう。

「平凡な人ができるような仕事に興味はない」と。

3

人の心に「感動を呼ぶ」仕事が最大の評価を得る

■■■「心で差別化できる」仕事を選べ

この章では、「心の労働」について、もう少し深く掘り下げて考えていきましょう。

「心の労働」は、会社や経営者のみならず、自分自身にも利益をもたらします。人に笑顔で接したり、心の通ったコミュニケーションをしたり、自発的に行動したりといったことは特別なことではなく、私たちがいつもしていることです。

家族や友だちを驚かせたり、楽しませたり、アイデアを出したりするのも同じことなのに、会社に着いたとたんにそれをやめてしまうのはなぜでしょう。

会社にいる一日十時間で、その特性を活かしていないのなら、自分らしく、人にプラスの影響を与えられる時間はほとんど残らないことになります。

だったら、**仕事でも本来の自分らしく振る舞えばいい**のです。

実際、経営が順調な会社もそうでない会社も（というより経営が順調でないからこそ）、少しずつそのような働き方ができる人を高い報酬で雇うようになってきています。

しかしまだ、多くの会社では「心の労働」への、大きな見返りは得られないでしょう。

けれども、メリットはあります。

創造し、人に与えるという行為そのものが、価値のあることですし、行動すればまわりの態度も変わってくるからです。

同僚が心を開き、上司の態度も柔軟になれば、顧客の信頼も高まります。

ただ、ちょっと念頭に置いてほしいのは、本来、「心の労働」は目に見える見返りを期待してやるものではありません。

見返りを期待すれば、それは自発的なものではなくなり、喜びも失われてしまいますから注意。

■■■ビジネスに奇跡を起こした〝芸術的発想〟

「ほとんどのアーティスト（表現者）は絵が描けない」

これは画家であるロイ・シモンズの言葉ですが、私のお気に入りの言葉です。

一方で、すべてのアーティスト（私たちのことです）は優れた〝目〟をもっています。いいものと悪いものを見分け、チャンスを認識し、先を見通すことができます。創造性が表現されるのは絵だけではありません。創意や情熱、個性が発揮されたあらゆるものは、すべて「創造的表現」とみなすことができます。

優れた創造的表現は、それを生み出した者だけでなく、見ている者にも影響を与えていくのです。

そもそも、アーティストとはどのような人のことをいうのでしょう。私にいわせれば、絵筆を握っているかどうかは関係ありません。複製画を描いてお金を稼いでいる人たちは――たくさんいますが――アーティストではありません。

一方、iPodをデザインしたジョナサン・アイブは、間違いなくアーティストです。数字を扱ったり、ビジネスモデルを考えたり、接客したりする仕事でも、アーティストとして創造性を発揮していくことはできます。

その人がアーティストかどうかを決めるのは、表現の形ではなく、伝えようとする意志であり、人との関わり方なのです。

アーティストとは、洞察と創造性、現状を変えていく大胆さを兼ね備え、自ら挑戦していく人のことです。

その意味で、ミュージシャンのボブ・ディランはまさにアーティストですが、ミリオンヒットを出すことしか考えていない音楽制作会社の社員は違います。

企業評論家のトム・ピーターズもアーティストです。彼は歯に衣着せぬ物いいで、我が道を突き進んでおり、批判にも屈しません。創造性を発揮することは彼の本能であり、見返りが欲しくてやっているわけではありません。

アーティストは、受け手の側にも変化をもたらします。

一歩を踏み出して行動し、他者に影響を与えていく。それが「表現する」ということです。

ハーバード大学の科学者ジル・ボルト・テイラーは、脳卒中で死にかけた体験を本にし、私たちに衝撃を与えました。彼女もまた、アーティストでしょう。

やり手の顧客サービス担当者が巧みな話術で客の怒りを静め、逆に信頼を勝ちとれば、それもまた創造性の表現です。新たなビジネスモデルでネットの三行広告に革命を起こしたクレイグ・ニューマークも、アーティストにほかなりません。

私がアート（表現）という言葉にこだわるのは、アーティストになるためには何が創造的表現であるのかを理解しておく必要があるからです。今一度、私の定義を確認しておきましょう。

「表現とは、他者にプラスの影響を与える行為である」

アーティストとは、創造性を発揮して表現する人のことです。より多くの人に、より多くの影響を与えることができればできるほど、その表現は優れたものだといえます。

表現は、人間の本質的な性質です。機械は創造的表現をすることはできません。伝える意思がないからです。

ただ料理をするだけの料理人は、アーティストとは呼べません。レシピどおりにつくっておいしい料理ができたとしても、腕のいい料理人というだけです。一方、料理を創作する人はアーティストです。新しい調理法やメニューを考え、人を驚かせたり喜ばせたりする行為が、表現するということなのです。

アーティストがやっているのは「心の労働」です。何のリスクもない、簡単にできることは、表現ではありません。

表現には、もう一つ条件があります。**「無償で価値を与える」**ということです。商売のためだけにやっていると、人に感動を与えることは難しくなります。

企業は日常的に人の表現（アート）を利用しています。iPhoneのデザインは人の気分を変え、携帯の使い方を変え、コミュニケーションに影響を与えている、その意味でアートです。

仮にiPhoneが不格好だったとしても、スタイリッシュなiPhoneと比べ、かかるコストに大差はなかったでしょう。

「スタイリッシュ」という付加価値は、デザイナーが私たちに与えてくれたものなのです。

このコミュニケーションで「自分」はもっと表現できる

アーティストと聞いて普通思い浮かべるのは、芸術家や作家でしょう。彼らはカンバスや原稿用紙と向き合い、それらを通じて間接的に人とコミュニケーションをとり、影響を与えていきます。

しかし、より直接的なタイプのアーティストは、コミュニケーションそのものを通じて表現します。目指すべきなのは、このようなタイプです。

会議を運営したり、生徒の相談に乗ったり、取材をしたり、怒った客をなだめたりするときが、アーティストとなるチャンスです。資金を集めたり、バザールで絨毯《じゅうたん》を買ったり、デザイナーを活用したりするときも、同じように創造性を発揮していくことができます。

コミュニケーションを通じて人の心に影響を与えていくのがアーティストだとするなら、誰にでもチャンスはあります。

アーティストは価値を創造し、独創的で新しい、これまでのやり方や状態とは違う何かを提示します。それはただのお飾りではなく、変化をもたらすものです。

価値を商売に直接結びつけないことも大切な条件です。**アーティストは自分が生み出した価値が自由に広がっていくことを望み、それを妨げるような見返りは求めません。**

もちろん、アーティストが創作したものは一億ドルで売れることもあるでしょうが、その作品はお金を払わなかった人にも喜びを与えます。

絶対に自分を安売りするな！

私は一日分の賃金のために一日分の仕事をするという発想が好きではありません。このような考え方は、自分の価値を貶《おとし》めるものです。

次の二点を考えてみてください。

①自分の現状に納得していますか

数十ドルを稼ぐために人生の貴重な一日を捧げてもかまわない、と思っていたりしませんか。しかし、お金のために時間を売った瞬間に、あなたはアーティストではなくなります。

②一日が終わったときに、誰にも何の貸し借りもない状態で、あなたは満足ですか

貸しや借りの一切生じない働き方では、人と一時的に関わるだけで、つながりは生まれません。一日かぎりの日雇い労働と同じです。

このような働き方がイヤなら、その日その日の仕事にもっと真剣にとり組まなければなりません。お金のためだけに仕事をしていては、価値あるものは生み出せません。

仕事というのは、自分を表現し、意味のあるものを人に与えていく場ですから、スキルがアップするほど、表現することが重要になってきます。

仕事で価値を生み出し続ければ、その価値を人々が競って求めるようになり、与える対象をこちらが選べるようになっていきます。

一日分の賃金以上のことをしたなら、それは他者とのつながりが生まれたことを意味しています。

そもそも仕事に熱意をもってとり組む人は、人に与えたいという強い意志と欲求をもっています。アーティストは本質的にハングリーな存在で、だからこそ「これを人に伝えなければ気がすまない」という気持ちに駆り立てられるのです。

彼らはいい加減な仕事をしたくないというだけでなく、重要なことをやっていきたいという強い思いを抱いています。

その価値がわからない人にとっては、頑固な人間に映ってしまうかもしれません。

けれども頑固なのは、**お金やポストにこだわっているからではなく、自分もまたよい方向に変わっていきたいという信念をもっているから**です。彼らは自分を安売りすることは、自分の真価を損なうことだとわかっています。

釘《くぎ》に革命を起こしたエド・サット。建築業者の息子に生まれた彼は、家を建てるのを若いころから手伝ってきました。しかし、釘を打ち続けた結果、拳《こぶし》の関節が見えなくなるくらいに手がはれ上がってしまい、この仕事には向いていないとあきらめました。

しかし、サットはクレムソン大学の風洞実験室で研究を続けながら、建築理論や、風が木造住宅に与える影響について学びます。

カリブ地域を訪ねてハリケーン「マリリン」の被害も見てきました。そこでは何千もの家屋が強風で全壊していました。サットの人生は、この体験で大きな転機を迎えることになります。

それまでの住宅に対する考え方はごくシンプルでした。ハリケーンの被害を免れるには、高価な建築材を使って頑丈な家を建てるしかない。それができない人は、安くて耐久性に劣る家をそのつど建て替えるしかないというわけです。

サットは屋根のなくなった家やひっくり返った家を眺めながら歩いていましたが、ふと、ある部分がもっとしっかりしていればこんな被害にはならなかったはずだと思い至りました。

「問題は部材ではなくて、釘だったのです」

彼には、釘こそがブレークスルーになると見通す洞察力が備わっていました。ただし、その洞察が成果に結びついたのは、十年以上にわたって研究を続けたからです。

サットは確かに、発明によって大金を手にしたかもしれませんが、それは熱意をもって研究を続けた彼への対価です。

彼の熱意の元になったのはお金ではなく、大勢の人々を救いたいという気持ちでした。

■■■ 事例：「豆腐」のトップシェアを狙うには

ここで一つお題を出しましょう。

「豆腐を売り込むのにアーティストが必要か」

これはなかなかおもしろい命題だと思いませんか。

仕事とアートを相容れないものだと考えたり、別種の人間がやることだと思っていたりすると、アーティストが豆腐を売り込んでいるところは想像できないでしょう。

けれども私のいう表現とは、仕事を通じて人々に影響を与えていく行為、つまり、**物事の本質を見極めて、新しいイメージや体験、コミュニケーションで市場を変えていくこと**です。

結論からいうと、豆腐を売り込むにもアーティストは必要なのです。

アメリカで「おしゃれなソーダ」として大人気の、ジョーンズ・ソーダ社が成功したのは、創業者のピーター・バン・ストークが型破りでユニークな力を発揮したからにほかなりません。

彼はあらゆる固定観念を打ち破るために、消費者の写真をビンに張ったり、マッシュポテト味のソーダを売り出したりしたのです。

毎日、会社にお客さまが直接やってきます。バン・ストークは自ら顧客応対しました。

そもそも消費者がわざわざやってくること自体が驚きです。ペプシコーラの会社に次々に人がやってくるところを、想像できるでしょうか。バン・ストークがやっていることは、マーケティングというよりもアートと呼ぶべきでしょう。

次のお題はこれです。

「シェイクスピアが、今生きていたらブログを使ったか」

もし、彼が今の時代に生まれていたら、どうしていたでしょうか。シェイクスピアは戯曲を発明したわけではなく、すでに存在していたスタイルを使っただけです。サリンジャーが書いた小説も、彼が発明したものではなく、表現のための技術はすでにそこにありました。

私は人が特定の表現力を身につけて生まれてくるとは思いません。洞窟に絵を描いた原始人も、戯曲家も、化学者も、それぞれの時代に存在していたアートを選びとったのであって、その逆ではありません。

つまり、人間関係で創造性を発揮したり、既存のシステムや技術の新しい使い途《みち》を発見したりすれば、それも表現行為——アートなのです。

私たちの社会は変化しており、今やアートと呼べる範疇《はんちゅう》は大きく広がっています。

インターネットが登場しなかったら、アマゾンを立ち上げたジェフ・ベゾスは毎日をボーッと過ごしていたでしょうか。映画監督のスパイク・リーが映画に出会わなかったら、何もしないで普通の人であり続けたでしょうか。

「情熱や熱意は、対象がないと存在しない」のではありません。「情熱をもっている人が対象を見出す」のです。

中には、内なる情熱を抑えきれず、情熱こそが自分のアイデンティティだと感じている人たちもいます。

必要なのは、熱意をもてる対象や、やる気の出る環境を探すことではありません。

■■■自分の力を一〇〇%活かす「2つの条件」

アーティストになる条件の一つは、「人に心を開く」ことです。

たとえそうすることが特に求められていない仕事であっても、人と豊かに触れ合っていけば、その人の人生を変えていくことだってできるのです。

注意してほしいのは、適当な気持ちでやると手痛いしっぺ返しを食らうということ。しかし、心の奥底からの真摯《しんし》な表現は、時に感動の涙を流させるほどの力をもっています。

さらに、もう一つの条件は、「与えること」です。

人に与える行為には、何かの見返りを期待する場合とそうでない場合があります。私は前者には興味がありません。何かをあげて貸しをつくるというのはあざとい発想ですし、そのような方法でのし上がっていくつもりなら考えを改めたほうがいいでしょう。

一方、見返りを期待せずに与える行為のほうは、素晴らしい可能性があり、その行為を通じてアーティストになることができるのです。

見返りに縛られない分、自分のやりたいようにできますし、純粋に表現の喜びを味わえます。

人はあらゆる行為においてアーティストになれる可能性があります。少なくとも、多少は人に何かを与えていけるはずです。

利己的な気持ちを抑えることさえできれば、顧客や同僚や上司、さらには見知らぬ人にまで「与えて」いくことができます。**そのときに、自分自身にも大事なものを与えること**ができるのです。

成功者ほど「捨てること」を知っている

アーティストの中には、自分のためだけに表現を続ける人もいます。

しかし、ほとんどの人は「受け手」を想定し、誰かに喜んでもらったりつながりを深めたりしたくて表現しているのです。

誰のためかを想定することはとても大切。理由は二つあります。

一つは、相手を知ることで表現の方向性が明確になり、改善のためのフィードバックが得やすくなること。

もう一つの理由は「**切り捨てても構わないのはどこか**」がはっきりするからです。

万人に受け入れられる人になることはできません。価値観はあまりにも多様ですし、万人受けするものは平凡で退屈なものになり、強いインパクトを与えることはできません。

伝える対象をきちんと見極め、その人たちの声に耳を傾けましょう。他の人の声はシャットアウトしてかまいませんし、自分が選んだ人たちが喜んでくれればそれでいいのです。ブログサービス「ブロガー」と「ツイッター」の生みの親であるエバン・ウィリアムズは、こんなことをいっています。

「ポイントは、すごいことをやる、ということに尽きます。〝外野〟の声に耳を傾けてはダメですね。ユニークで型破りなことをやろうとするときに、一番大変なのがその部分かもしれないな。

進化はあちこちで起こっていますが、注意しないと簡単にオタクとサブカルチャーの発想に陥ってしまいます。もちろんそういうところにも価値あるビジネスチャンスはあふれているでしょうけれど、多くの人がそういう場所で空回りしている気がする。自分も一時期そうでした。いくつかのことがうまくいきだした時点で、僕は思いました。『基本に返ろう。僕は何をしたいんだ。世の中にどんなものがあったらいいだろう』そう考えて、ツイッターをつくりました」

エバンの「ツイッター」は、最初はあまり注目されませんでした。

何の意味があるのか、どういうビジネスモデルなのか――と半信半疑で受け止められていたのですが、ひとたび広まりはじめると、ツイッターは史上もっとも急速に普及したコミュニケーションツールとなりました。

アーティストの仕事は、人に影響を与えていくこと。

上司や経営者を意識してしまうと、彼らを喜ばせることが仕事になってしまいます。別にお金をもらって働くこと自体は問題ではありませんが、彼らの指示を絶対視して働き方を制限した瞬間から、歯車になってしまい、アーティストではなくなります。

私たちが勝負するべきなのは、**必死に働いたかどうかではなく、どんな価値を生み出して、どれだけ人に伝えられたか**という部分です。

消費者が商品やサービスを受けとったときに、それがいいものかどうかを評価する基準は「自分たちがどう感じたか」「自分にとって何かプラスになったか」という点です。

会社が手放したくない人の条件——こんな発想ができるか

毎朝工場に行って指示に従い、一定の水準の製品をつくる——そのような仕事では、あなたより速く、安く、うまくやる人が必ずいます。

それなりのスキルが必要な、難しい仕事だったとしても同じです。

一方、創造性を発揮できるのは、「どのようにやればよいか」を誰も教えることができない部分です。アーティストはそのような部分を自主的に改善していくのです。

では実際に仕事を通じて新しいものを創造し、人に価値を与えて絆を深め、そこに喜びを見出していくことはできるでしょうか。

できるとしたら、そのために何が必要かを考えてみてください。

作家やミュージシャンにかぎらず、飲食店の店員や医師、看護師、弁護士にいたるまで、創造性を発揮して仕事にとり組んでいる人たちはあらゆる分野にいます。

一番大切なのは、どんな職種を選ぶかではなく、**「どのように仕事をするか」**なのです。

4

〝夢を形にできる人〟は頭をこう使う！

夢を形にできる人・アイデア止まりの人

「本物の〝アーティスト〟は製品にして届けるものだ」

この言葉は「アップル」のスティーブ・ジョブズが、プログラムにこだわり続けるプログラマーにいった言葉ですが、大変含蓄《がんちく》があります。

アップルが開発したコンピュータ、マッキントッシュの生みの親の一人、アンディ・ハーツフェルドは、革命的だった初代マッキントッシュの完成をこう振り返っています。

「すでに夜は明けていて、クタクタのプログラマーたちが家に帰りはじめた。完成していたかどうかはわからなかったが、長い間がんばってきてもう何もすることがないというのは不思議な感覚だった。私はドン・デンマンとロビーのソファに座って半分眠りかけながら、経理や営業の連中が出勤してくるのを眺めていた。七時半ころだったか——彼らには異様な光景だったろう。徹夜だったのは一目瞭然だったはずだ（というより私は三日間、家に帰らずシャワーも浴びていなかった）」

このとき、アンディは自分がアーティストであることを実感していたはずです。彼はきちんと形（製品）にしたのですから。

アーティストは、一見奇抜に見える作品であっても、実際にはきちんと現実的に受け入れられるものをつくり出しています。

ただ、彼らは**「既存の枠組みギリギリ」**のところを考えます。そこなら実現できる可能性があり、受け手もいる。きちんと世に送り出して、人々に影響を与えていけるのです。

私たちの社会に何より欠けているのは、「生み出そうとする本能」です。と同時に答えを見つけて世間に伝えていくことであり、一人ひとりが自分の中の人間性を引き出して世の人々とつながっていくことです。

「先延ばし」が命とりになる

アイデアを形にして人々に届けるとき、精一杯努力しても、結局、時間的な制約のために妥協しなければならないことがありますが、そんなときは自分を裏切っているような気がすることがあります。そこまでして人に届けることに意味があるのでしょうか。

私は意味があると思います。

組織や社会にとってなくてはならない存在になりたいのなら、「きちんと形にして届けること」はとても大切です。

中には、何年、何十年と粘った末に、価値あるものを形にできる人もいますが、そこまで時間と労力を投入できない人たちにとっては、少々の妥協は仕方がありません。

もちろん時間をかければかけるほど、より完璧なものにできるのは確かだとは思いますが、いずれそれも表現行為の一部なのだとわかってくるはずです。

では形にするとは、どういうことでしょう。

何かをつくるのは、もちろん完成させるためですが、人間がつくるものは、真の意味で完成されることはありません。

創作物は、形になって人に届いた時点で価値が生じます。

フランス語に「エスプリ・デスカリエ」という言葉があります。後になってこうするべきだったと気づくことですが、創作においてはこのような考えはある程度割りきる必要があります。

それにしても、形にして届けることは、なぜこんなに難しいのでしょう。私は二つの問題と一つの内的要因があると考えています。

○問題①　全体を検討するタイミング

ソフトウェア開発を例にとってみましょう。

だいたい失敗の背景には必ず、検討のタイミングが不適切という問題があります。

通常は、アイデアを核にしてそこに肉づけをしていくのですが、納期が近づくと、検討作業も増えていきます。具体的には、ソフトならユーザーインターフェースを変えたり、書き物なら導入部を変えたりします。表面的に変える場合もありますが、時には全体に及ぶ変更になる場合もあるでしょう。

検討作業は必要なものですが、問題はやる時期です。

ほとんどの場合、作業は最後のほうになりますが、その結果はどうでしょう。納期が近づくほど多くの人間が巻き込まれることになり、会議も増えて、ＣＥＯまでしゃしゃり出てくるはめになります。

またそのタイミングが順当だと思う人もいます。目鼻がついていない状態で検討しても仕方がない、やり直すくらいなら最後で構わないというわけです。

しかし、実際には早い段階に全員で検討したほうが効率的なのです。最後のほうになってバタバタやれば、余計な欠陥が紛れ込むことになりかねません。

かしこい人々は早い段階で検討作業をやり、プロジェクトの納期が近づいてくると、必要な変更のみ認めるように段どりをします。

問題② 関わる人の数

初対面の三人は、何度握手をするでしょうか。

AさんがBさんと握手し、BさんがCさんと握手し、AさんがCさんと握手して、計三回です。

これが四人だと、握手は倍の六回となります。五人なら十回です。

チームが大きくなるにつれて、全員が協調して動くのは幾何《きか》級数的に難しくなっていくわけです。

ところが、リスクのある大きなプロジェクトほど関わる人数が多くなる上に、とりわけ大事なプロジェクトだったりすると、利害関係のある人がどんどん口を挟《はさ》んできます。

こうして、プロジェクトは検討段階で停滞してしまい、そもそも協調すること自体が不可能になることさえあるのです。


ベンチャー企業が新しい市場で大手企業より成功しやすいのは、意思決定に関わる人が少ないために協調しやすく、検討作業における混乱が起きにくいからです。

加えて、組織のかなめとなる人の割合も多く、ギリギリの人数でやっている彼らは、より大胆に行動していくことができるのです。

この問題の解決には、二つのアプローチ方法があります。ただし、いずれにおいても心理的な抵抗を克服しなければなりません。

①検討作業を行なう人数を徹底的に絞り込む。たとえ高い地位の人間であっても、排除できる厳しい態勢をもつ。
②かなめとなる人間を一人選んですべてを任せる。協力者もサポートするチームもつけず、一人に全権を負わせる。

◯内的要因――心理的抵抗

私たちの脳には「爬虫類脳《はちゅうるい》」と呼ばれる原始的な領域があります。飢えや恐怖、怒りや劣情のもとになっている部分です。

この脳の部位は、「食いっぱぐれないこと」と「安全でいられること」をひたすら求めます。

必要なら死に物狂いで戦うことを自分に命じますが、可能なら逃げるほうを選択します。その一方で、すぐに怒り出したりもします。

爬虫類脳にとっては、仲間の中で自分がどんな地位にあるかが、生き残れるかどうかのカギを握りますから、他人からどう思われているかをとても気にします。

しかし、生物として生き残るということと、社会的に成功することは、もちろんイコールではありません。

爬虫類脳は、常にその人自身をおとなしく黙らせ、目立つことなく今やっている仕事だけを続けさせようとします。何か大きなことをやろうとしても、言い訳や急用を思いつかせ、具合を悪くさせて、気を逸《そ》らせようとします。

この原因になっているのは「恐怖心」です。自分の考えを形にして人に与えたときに、自分は、いったいどうなるのだろうか、という恐れの気持ちです。

この心理は、巧妙なやり方で、才能を封じ込めようとしますから、そのせいでダメになった人やチームや企業は数多くあります。

自分を病気にかからせ、やるべきことを先延ばしにさせ、何よりやっかいなのは、「言い訳」を考え出し、次から次へと自分を正当化する理由を見つけます。

このような心の動きは百万年前から続いてきました。

原始的な爬虫類脳は、**「人間らしい」機能をもつ大脳新皮質より進化的に古く、しかも、その気になれば、クリエイティブ能力を完全に潰してしまえるくらいの強い力**をもっています。

作家のエリザベス・ギルバートもこうした爬虫類脳の抵抗に屈しかけました。

『食べて、祈って、恋をして』（武田ランダムハウスジャパン）が全世界でミリオンセラーになった後、彼女は次の本がどんなふうに受け止められるかと不安にさいなまれました。

「みんなが〝もう終わった〟という目で私を見ていました。これを超えられるわけがない、とそう思いました」

それでもエリザベスは締め切り前に次の本を書き上げ、プリントアウトするためにデータをコピー店にもち込みます。ところが刷り上がった原稿を読んで、彼女は恐怖に襲われました。

「そのときの感情は、書いているときに感じていた不安や恐れの比ではありませんでした。まるで別次元の恐怖です」

爬虫類脳が勝利したのです。

エリザベスは原稿を捨ててしまい、締め切りを延ばしてもらってまた一から書きはじめました。一年以上かけて書き上げた作品が、ゴミ箱行きになってしまったのです。

その後、彼女は爬虫類脳に打ち克《か》って、新しい本を上梓《じょうし》しました。

どんな創作活動であれ、いかに成功して評価された人であれ、いずれ壁にぶつかることは避けられません。それを乗り越えられるかどうかは、その人しだいです。

「自己防衛」と「進化」の関係

心理的抵抗は、人類の中に最初から存在する根深いしくみです。

脳の一番中心の部分――子宮で胎児が成長するとき、最初に形成されるのが、爬虫類脳で、**闘争・逃走反応、怒り、生き残りの本能**をつかさどります。

私たちは今でも、「緊急事態」に陥ったときはこの脳に主導権を明け渡します。

脊柱の上端には、「生き残り」や「野性」に関わるいくつかの小さな脳領域があり、これらはまとめて大脳基《き》底核《ていかく》と呼ばれています。

その中の二つのアーモンド型をした領域が、扁桃体《へんとうたい》といいます。怒りや不安、劣情や飢え、復讐心などを覚えているときは、この小さな脳の指令が優先されることになります。

私たちの脳が進化の過程で複雑な思考や利他心、言語、意識、さらには表現する能力を獲得したのは、比較的最近になってからですが、これらをつかさどるのは、新皮質で外側のしわの寄った灰色の部分です。

新皮質は見た目が大きいのですが、コントロール力は強くありません。

扁桃体が大声でノーといえば、他の部分はそれに従うしかなく、動きを止めてしまいます。爬虫類脳が自己防衛のために、脳全体を支配するのです。

だとすれば、人が創造的な活動をするときには、いかに爬虫類脳を眠らせておくようにするかが重要ということになります。勝てないなら、懐柔するしかありません。

そう、こんなことをいうとびっくりするかもしれませんが、**私にもあなたにも、間違いなく「二つの脳」があります。**

私たちはつい、つくり上げたものを壊すような行動をとってしまいます。たとえば、一週間かけて書き上げた論文のデータを、バックアップもせずに放置してしまう、といったようなことです。それはただの偶然だと思いますか？

その行動のもとになっているのは、自分の中の「もう一人の自分」です。

脳の障害を研究する神経学者は、脳に障害を負った人たちに、興味深い振る舞いが見られることを発見しました。

短期記憶に重い障害があって、五分以上前に起こったことを完全に忘れてしまう女性がいます。

彼女は、毎朝「ここ一、二年以内に体験したことの記憶」がない状態で目覚めるのです。毎日通院するたびに、担当医と握手して、自己紹介します（その人が誰だかまったく覚えていないからです！）。

ある日、担当医がいじわるな実験をしました。

手のひらに画びょうをくっつけて握手をしたのです。彼女は痛がり、医師は自分がやったことを説明しましたが、一時間後には完全に忘れていました。

けれども次の日、握手しようと医師が手を伸ばすと、彼女は身を引きました。短期記憶は消えているはずなのに、なぜ画びょうのことがわかったのでしょう。

これは、扁桃体の働きによるものです。扁桃体は生き残りのために独自の記憶を保持しています。そして爬虫類脳は、生き残りのために基本的な行動をとる必要が生じたときに、いつでも反応できるようにスタンバイしているのです。

心理的葛藤《かっとう》もそこから生じてきます。

人間は本当にやるべき行動ではなく、刹那《せつな》的に気持ちのいい行動を選んでしまうことがあります。

のどにガンができているのにタバコをすってしまったり、ダイエット中なのに「ドーナツをあと一個だけ」食べてしまったりするのはそのせいです。感情をコントロールする訓練ができていない人は、扁桃体が発する欲求や不安に屈してしまうのです。

気の弱い店長や、リーダーシップを発揮するのを避けている経営者も同じです。扁桃体がリスクに恐怖を感じ、問題に向き合うことを避けさせているのです。

期限を守れない人も同じです。まわりに、何事につけてもグズグズしている人がいるでしょう。ぎりぎりになるまで先延ばしにする人たちです。彼らは、土壇場になってからバタバタと動き出します。

理由は単純。彼らは実行することに抵抗を感じていて、不安のほうが大きくなるまで行動できないのです。

実際、**歴史に残る業績をリストアップしてみれば、そのほとんどは、爬虫類脳の不安を克服し、前向きに行動することで成し遂げられたことばかり**です。

アイコンタクトと爬虫類脳

オランダのロッテルダム動物園では現在、ゴリラのコーナーの見学者に特別なメガネを配っています。

ゴリラと目を合わせないためのものです。このメガネのレンズには、横を見ているような目が描かれているのです。

自然界において目を合わせる行為（アイコンタクト）は、相手に脅威を与えます。そのため、来園者と目が合ったゴリラは興奮し、攻撃的になることがあります。

爬虫類脳は目が合っただけで、パニックを起こすことも。

そう考えるとほとんどの人がもっとも不安を覚える行為が、人前で話すことだという調査結果があるのもうなずけます。スピーチは爬虫類脳がもっとも恐れることの一つなのです。

勢いを増す「爬虫類脳」には「まっとうな理屈」が通じない

アルコール依存症患者を説得して、お酒をやめさせるのは難しいですし、若者に無茶な行動をするなと諭《さと》すのもまず無理でしょう。激高しているCEOをなだめるのもほとんど不可能です。

爬虫類脳は、**理性に耳を傾けることが嫌い**だからです。

人間にとっての唯一の希望は、爬虫類脳をコントロールし、心理的抵抗を克服していくしかないのですが、現実はそう甘くないのも事実です。

画期的なアイデアを思いついて提案しても、周囲からは煙たがられたり、時には敵意を剝《む》き出しにされたりするかもしれません。

すると、潜在意識は「いわんこっちゃない。このザマだ」とか「やめておけばよかったんだよ」と、自分に非難の言葉を浴びせます。

このような批判の声は、心理的抵抗が言葉になって表われたものですから、絶対に耳を傾けてはいけません。心の中で抵抗が起きているのだと思って無視しましょう。

それに爬虫類脳は、学校が大好きです。従順になることを教えている学校にいれば安心ですし、落ち着いていられます。

「目立たないように」という指導も、爬虫類脳としては大歓迎です。

「自分には才能がないから」と思わせているのも、何をするにも「どうせ無理」と、尻込みさせているのも同じ爬虫類脳です。

成績ばかりを気にして、表現したり、リーダーシップを発揮したり、人とつながっていくことに興味がわかないとしたら、すべてはこの脳のせいなのです。

では、会社ではどうでしょう。

会社で、まわりにいるのは心理的抵抗に身を任せている人たち。彼らはネガティブなことしかいわず、既存のルールを変えたがらず、これまでうまくいってきた路線に固執して、そこから外れることを恐れます。

もちろん、時間節約や生産性アップにつながるようなことはしたがりません。

「生産性が上がる」ということは、何かを成し遂げたり、新しい価値を人に届けたりすることに通じるので、抵抗を覚えてしまうのです。

意外かもしれませんが、人が実践していることや参考になりそうなことを四六時中メモっているタイプも、同じような抵抗に屈しています。彼らはメモすることに忙しく、行動は起こしません。

リストをつくる作業と、自ら道を切り拓《ひら》くことは、まったく別ものなのです。

失敗したときこそ、この馬力が出るか

爬虫類脳が足を引っ張り続ける理由は単純です。「失敗するのがイヤ」なのです。何かに挑戦すれば、当然失敗する可能性がある――むしろ、思いどおりにいかないことのほうが多いでしょう。

では失敗したら、どんなことが待っているでしょうか。

私の友人が、リストラに遭いました。彼女はとても優秀で、日々、仕事に全力投球しており、私の目から見れば会社の財産でした。ところが、頭の固い連中が彼女を解雇したのです。

このような仕打ちに遭ったとたんに落ち込んでしまい、努力をやめてしまう人もいます。しかし彼女は違いました。**間違っているのは自分の働き方ではなく、会社の判断であるという事実をはっきりさせたのです。**

そして、〝「やっぱりこうなった」という否定的な心の声に負けるな〟と、自分にいい聞

かせました。心理的抵抗に屈してしまえば、二度と立ち直れない可能性があるとわかっていたからです。

社会で成功している人たちが成功を手にした理由は、たった一つです。彼らは**失敗をマイナスにはとらえていない**のです。

彼らは後悔したり、失敗の原因から目を背けたり、落ち込みすぎたりはしません。やり方がまずかった、あるいはそのやり方を理解してもらえる相手ではなかったと考えるのです。

■■■「プランB」に逃げてはいけない

「失敗したときのために、別の方法も考えておいたほうがいいよ」

善意の友人やおせっかいな人たちは、必ずこのような余計なアドバイスをしてきます。そんなときは結局、ラクな案のほうに落ち着いてしまうのです。逃げ道を用意した瞬間から、爬虫類脳のいいなりです。

周囲は、なぜわざわざ危ない橋を渡るのかと、決意をぐらつかせようとしますが、画期的な業績を上げる人の多くは、不退転の覚悟で臨み、代替案など用意しません。


では、いい案を見つけるにはどうすればいいでしょう。

「いいアイデアが浮かばない」という人に、私はいつもこういうことにしています。

「では、悪いアイデアは浮かびますか」

するとほとんどの人が「浮かばない」と答えます。

悪いアイデアでも気にせずにどんどん思い浮かべられるようになると、いいアイデアを思いつくのは驚くほど簡単になります。逆にいえば、まずいアイデアやリスクのあるアイデアを避け続ける人には、どんな発想術の本も役には立たないのです。

爬虫類脳は、「アイデア」が嫌いです。失敗の可能性があることをリスク覚悟でやるくらいなら、そもそもアイデアなど出さないほうがマシだと考えています。

しかし、時には、あえて悪いアイデアも出してみましょう。この作業をくり返していると、不思議といいアイデアが浮かんでくるようになります。

■■■ 必要なのは「心のブレーキ」を外すこと

たとえば、起業をしたいという人がいます。

しかし、不況のとき、爬虫類脳は「安定した仕事を確保するべきだ、会社を興《おこ》すなどもってのほかだ」と、自分にいい聞かせ、逆に景気がいいときも「競争が激しいのに、なぜそんなことを考えるのか」と、やはり起業を思い止まらせます。

ただ、爬虫類脳の最悪の問題は別のところにあると私は考えています。その問題とは「本書のような主張に抵抗感を抱かせてしまう」ということです。

実際、この本を読みはじめたとき、「あなたも非凡な才能を発揮しよう」といわれたことに抵抗を覚えなかったでしょうか。

多くの人は、自己肯定の気持ちをなかなかもつことができません。自分の才能を認めてしまうとそれなりの成果を上げなければならないと考えるからです。

しかし、自分に天才の資質がないと思い込んでいるのは、そう思い込まされているにすぎません。自分は身の丈に合った仕事をしてそれに見合った給料をもらっているというのも、植えつけられた発想です。

中には、爬虫類脳が目立った成果を上げることを避けたがっているが故に、自分自身が積極的に受け入れている考えもあります。

しかし、自分が感じている心理的抵抗を認識できるようになれば、自分にも「天才的な資質」があるとすんなり認められます。

もちろん、恐怖は人間にとってもっとも大事な感情です。私たちの祖先が生き残ってこられたのも、この感情のおかげです。

潜在的な恐怖心はあらゆるところで顔を出します。みんなが同じブランドもののバッグを買うのも、みんなと同じように平凡な仕事に就き、失敗が怖くて思い切ったお金の使い方ができずにいるのも「怖いから」です。

人間は恐怖心について語ることすら恐れています。口に出してしまうと、恐怖に実体を与えてしまう気がするからです。

人々が何かにつけて指示を仰ぐ最大の理由も、マニュアルなしで生きるのが怖いからで

す。

誰かがつくったマニュアルで失敗したのであれば、それは自分のせいではなく、営業マニュアルどおりにやって売れなければ、責任を問われるのはマニュアルの作成者です。

けれど、本当にそれでいいのでしょうか。

■■■恐ろしい「心のワナ」――こんなことに必死になっていないか

この本で私が語っていることの大部分は、他の本を読んだりセミナーを受けたりしても学べるものかもしれません。

しかし、多くの自己啓発本が売れ、多くのセミナーが開催されているにもかかわらず、大多数の人が成果を上げていないのは、本やセミナーに問題があるわけではなく、心理的抵抗が大きな力をもっていることが原因です。

この事実を棚に上げ、多くの人は自己啓発本など無意味だと切り捨て、自分を磨こうとしている人をバカにし、講師のことを「ハーバード大学出身でもないくせに」などといって冷めた目で見ています。

このような人々の声に耳を傾けるのは間違っています。彼らが冷めているのはとうの昔に心理的抵抗に屈したからです。

この話を聞くな、この本を読むな、このセミナーには出るなという声が聞こえてきたら、むしろ、聞いて、読んで、受講しましょう。成功した人々はたくさん本を読んでいます。

心理的抵抗は、二十四時間、あらゆるところに存在しています。

爬虫類脳は巧妙に人を操り、組織に適応させて目立たない存在にするか、失敗させて大それたことができないようにするのです。

爬虫類脳が働いているのは、たとえばこんなときです。

・期限を守らない
・「完璧にしたいから」と言い訳し、先延ばしにする
・アイデアを煮詰めない
・大事な場に何を着ていくかで悩む

・お金がないことを口実にする
・情報集めに執心する
・不機嫌な態度をとる
・自分の仕事のハードルを必要以上に上げる
・インパクトのない月並みなものを意図的につくる
・質問をしない、あるいはやたらと質問する
・やり方を変える人間を常に批判する
・現状に執着し続ける
・新しいアプローチの粗《あら》を探す
・平凡な仕事をする
・恨みを晴らすことにエネルギーを注ぐ
・完成に向かっていると気づくと、それをやめる
・天賦《てんぷ》の才能や資質がすべてだと決めつけ、スキルを身につけられると考えない
・自分には才能や資質がないと思い込む

私たちの心には、人と触れ合いたいという強い気持ちがありますが、インターネットはそういう目的のためには格好の場です。

私も心理的抵抗が強く働いている日には、四十五分もメールをチェックしていることがあります。理由は、単純に楽しいからです。

ツイッターもまた逃避の典型です。もちろん、うまく活用している人たちもいますし、仕事に生かしている人たちもいますが、ほとんどのケースは、抵抗に負けて逃避しているだけで、何も成し遂げていません。

私の友だちに、ネットで毎日気の利いたことをいい、週に一度は目からウロコが落ちるようなことをいう人がいます。それらのアイデアのどれか一つでも形にすれば、まるで違った結果になるはずなのに、彼はやろうとしません。

彼と、実際に物事を変えていける人々の違いは、「心理的抵抗に屈しているかいないか」という点だけです。

もしも自分が今、爬虫類脳に支配されていると気づいたら、

「自分は心理的抵抗に負けている」

「爬虫類脳のせいで不安を感じている」

と、自ら口に出して認めてしまうのもいいかもしれません。

実行のカリスマ

「何でも自分でやること」が信条のアーティスト、ブレ・ペティスは、ブログでこんな宣言をしています。

①人には三つの状態がある。「わからない、行動、完了」だ
②すべては試作品だ。そう思えば実行しやすくなる
③「調整」など考えるな
④やり方がわかっているつもりと、実際にわかっていることに大して差はない。わかっていなくてもわかっていると思って、とにかく実行しろ
⑤先延ばしにするな。一週間以内に実行できないアイデアは捨ててしまえ
⑥実行するのは完成させるためではなく、他のことを実行できるようにするためだ

⑦実行したら、忘れろ
⑧完璧さなどくそ食らえ。実行を妨げるだけだ
⑨手が汚れていない人間はまともじゃない。行動することでまともになれる
⑩失敗も実行したうちに入る。どんどん失敗しろ
⑪破壊も実行のバリエーションだ
⑫アイデアをネットで発表するのは「プチ実行」だ
⑬実行は、さらなる実行につながる

■■■ 夢が実現する、まさにその瞬間に……

組織を引っ張っていける人は、一度はじめたら必ず完成させます。彼らはとり組みをはじめた時点で、自分のアイデアを徹底的に検討します。そして、できる〝かもしれない〟などとは考えず、「確実にやり遂げる」のです。

予算内で期限どおりに仕事を完成させるためには、時間か予算のどちらかがなくなるま

でひたすらとり組み、形にすることです。

感情に振り回されることを、爬虫類脳は喜びます。利己的な態度や近視眼的な振る舞いも大好きです。**原始的な脳が望んでいることをやっているかぎり、心理的抵抗は起こってきません。**

むしろ、**何かをしようとしたときに抵抗や恐怖、疑念がわいてきたら、やる価値があるという証拠**です。

心理的抵抗を感じる方向に進んでいきましょう。自分の中の埋もれていた資質が形になってくるほど、この抵抗は大きくなります。

私は執筆途中で筆が進まなくなったことが何度もありますが、爬虫類脳が犯人だとわかっていたので、なおさら書かなければいけないと気持ちを奮い立たせました。

心理的抵抗に目を向けると、本当にやるべきことが見つかります。**恐れているものに立ち向かおうとするほど、とり組みが完成に近づくほど、爬虫類脳の抵抗も大きくなる**ということをしっかり覚えておきましょう。

■■■「あえて何もしない」――という選択肢

ゴッホは今の時代に生まれていたら、オーガニックの豆腐を売っていたかもしれません。彼は絵を描くために生まれてきたわけではなく、たまたまその時代の表現手段として、絵筆を手にとっただけなのです。

表現手段は自分で選ばなければなりませんし、その表現手段は一つとはかぎりません。簡単にできることを選んだり、マンネリに甘んじたりしている人は、抵抗に屈したのも同然です。

やる価値のないことをやっても、爬虫類脳に挑んでいることにはなりません。それなりに大きなことに挑戦するべきです。

アーティストになることを選んだ人は、険しい道のりを覚悟しなければなりませんが、これは、慎重に道を選ぶ必要があるということです。

今、自分がとり組もうとしていることが、努力する価値のあるものかどうか、しっかり見極めてください。

社会に出てから、私は出版請負業務をはじめ、ネット企業を立ち上げ、その会社を売り、ブログをはじめ、講演を行なうなど、さまざまなことにチャレンジしてきました。

しかし、私が特別な才能をもつ人間だと思ったら大間違い。私のやっていることを評価できるとしたら、「アイデアを形にしている」ということだけです。

私は仕事の合間には、忙しくなることは一切しないと決めています。ムダな会議には参加しませんし、不必要なメモもとりません。

スタッフに余計な指図もしませんし、必要なければ通勤もしていません。一見生産的でも形にすることに寄与しない要素を、徹底的に排除しているのです。

そのおかげで、爬虫類脳に口実を与えずにすんでいますし、意識が仕事（本当にやるべき「とり組み」という広い意味の仕事です）に向かい、それをやらないわけにはいかなくなります。これは、きちんと結果を出している人たちに共通している部分でしょう。

プロジェクトの間に何もしないのは、実はかなりの精神力を必要とします。けれども、**何もしないでいると、何かしたいという欲求が高まり、イヤでもアイデアが浮かんでくる**

ものなのです。

レオ・バボータは著書『Zen Habits（禅の習慣）』で、この問題に向き合うヒントを示しています。彼のやり方はいたってシンプル。

その年にやる創造的とり組みを一つだけ決めます。

それをより小さなプロジェクトに分け、毎日、一つのプロジェクトを進めるためのタスクを三つ見つけて実行するのです。しかも、それを普段の仕事の中に組み込みます。

たとえば一日一時間、自分が思いついた表現のために費やす。

人によっては楽しいものではないかもしれませんが、今、惰性で過ごしている十時間より、ずっと有意義なものになるはずです。

人々は日々、レオが主張しているのとは逆のこと——つまり、「これをするべきだ」という周囲の声にばかり耳を傾け、そちらに時間を割いているのです。両方をやろうとすれば、当然ながらどちらもモノにはなりません。

毎日静かに過ごせる時間を確保すると、自分の心の声に耳を傾けやすくなります。そうなると、自分の中の天才的資質が花開くのを、落ち着いて待つことができるのです。

小さなことにとらわれはじめたら……その対処法

不安は想像の産物です。

「恐ろしいことが起こるかもしれない」と思っているだけで、実体はありません。

今、存在している脅威ではなく、将来起こるかもしれないという漠然とした感情です。心理的抵抗は、一〇〇％このような感情によるものです。

不安には実体がないにもかかわらず、心にブレーキをかけてしまいます。勝手に最悪の事態を想像して、あれこれ悩みはじめれば、成功は遠のいていくでしょう。

不安に負けているかぎり、組織のかなめになることなど夢のまた夢。

不安の理由をきちんと見極めて、マイナスの感情から自分を解放していきましょう。

たとえば夜、眠ろうとしてベッドに入った瞬間、玄関のカギをしめたかどうか気になることはありませんか。こうなると、頭の中のスクリーンにはさまざまな映像が浮かんできます。泥棒が入ってきて襲われたら？……と不安が渦巻くのです。

しかし、こうした不安のほとんどは、二つのやり方で対応できます。

①安心できる行動をとる

カギをかけたか気になったら、ベッドから起き出して、玄関を確認すればいいわけです。**何か心配事があるなら、問題がないことを確認すれば不安は起こってきません。**

しかし、これには問題があります。安心することで脳に快感がもたらされるため（「正のフィードバック」といいます）、今度は別の不安の種を探すようになるのです。玄関の次は、窓のカギを確認したくなるかもしれません。

②不安から逃げず、共存してしまう

不安を認め、どのような気持ちかを見極めて、その気持ちと折り合っていくのです。これなら、不安に「正のフィードバック」が与えられることはありません。

すると、おもしろいことに、不安が自然消滅するのです。不安はいつまでも心に留まり続けることはできません。朝が来れば泥棒に入られていないことがわかり、不安の原因そのものが消えます。

不安と共存してしまうと、爬虫類脳が「もうこの手は使えない」とあきらめ、不安のサイクルは急速に力を失って消滅していくのです。

「かゆいところ」ばかりかくな！

チベット語に「シェンパ」という言葉があります。「かゆいところをかく」といった意味の言葉で、私は「不安の悪循環」を意味しているのだと理解しています。

ちょっとしたかゆみを感じたときにかいてしまうと、かゆみはかえって強くなり、そのうち痛みに変わります。同じように小さなことが引き金となって、苦しみがどんどんエスカレートしていくことがあります。

規則を守って車を運転しているときにパトカーに止められても、あまりあわてたりしないもの。しかし、パトカーに止められることに不安を感じている人は、心が騒ぎ出します。

警官に難くせをつけられていい合いになり、別の容疑をでっち上げられたらどうしよう、などと妄想してしまうのです。

職場で誰かから注意されたときも同じです。それがちょっとしたことだったとしても、シェンパのせいで過剰に反応し、逆に相手を批判してしまいます。

ここで、注意した人もあなたと同じ性格であれば、売り言葉に買い言葉の連鎖がはじまるでしょう。その結果は目に見えていますよね。

シェンパが生じる原因は爬虫類脳。爬虫類脳が日常的に感じている強い恐怖心と、現実的な世界との相互作用――それがシェンパの正体なのです。

悪循環を断ち切る最善の方法は、はじまった時点で止めることです。**自分の感情に目を向けて、シェンパに陥りかけていることを認識し、その感情と共存してしまう**のです。これが一番効果的な対処法です。かゆみに気づいても、かいてはいけません。

どうにもならないことは受け入れてしまい、不毛な考えにとらわれないようにすることが肝心。仏教ではこの状態を「悟りの境地」と呼んでいます。

パトカーに止められたら、落ち着いて「何でしょうか」といえばいいだけです。

誰かに注意されたら「ご指摘ありがとうございます。今後は気をつけます」といえば、それですみます。たった数秒の返事で、一時間の修羅場を回避できるのです。

かゆみに反応してかかなかったおかげで、その日一日を嫌な気分で過ごさずにすむのです。

その不安は必ず伝染する

多くの人にとっては、「人々との関わり」が、不安やシェンパの大きな要因となっています。

何よりやっかいなのは、不安が心を落ち込ませるだけでなく、コミュニケーションにも影響を与えることです。

自分が不安を抱いていることは雰囲気で伝わり、相手もそのことを意識します。その結果、面接で採用されたり、商品が売れたり、友人を楽しませたりできる可能性も低くなるのです。しかも、強い恐れのせいで不安は現実になり、それがシェンパをますます悪化させてしまいます。

シェンパは、成功を恐れたり逃げたりしようとする爬虫類脳と、何かを成し遂げ、人とつながろうとする新しい脳の葛藤によって生じます。

その結果、事態はさらに悪化します。**シェンパの悪循環を断ち切るには、逃げるか踏みとどまるかの二者択一しかありません。**

逃げることは、必ずしも悪いことではないのです。特定の人や集団と関わるのがどうしてもイヤなら、無理をする必要はないでしょう。

もう一つの道は、踏みとどまることです。自分にとって大事なことなら、心理的抵抗を乗り越える必要があります。

上司からの批判に耐えられず、余計なことをいいそうになっても爬虫類脳を喜ばせないことです。不安と共存できるようになるほど、人間は精神的に強くなります。逃げ出したくなる衝動に静かに耐えられる人は、周囲から信頼されるようになっていきます。

そして、最後にもう一つ。

「みんなに笑われる」

これこそが、自分を押し止めている感情かもしれません。

もちろん、私たちがリスクを避けるのは、進化においてそれなりの理由があって身についた性質です。

しかし、私がこれまでお話ししてきたアーティストとしてのリスクは、時間を割かなければならないということと、人に笑われるかもしれないということだけです。

失敗をからかわれ、嘲笑された経験は誰にでもあることですが、そのような経験が一生記憶から消えず、今現在の判断にも影響を与えてしまっているのかもしれません。

しかし、それは自分自身が記憶に縛られているだけなのです。

「頂上から」ダッシュをかけよ！

価値を生み出したり、ブレインストーミングをしたり、リスクを負ったり、難しい状況でリードする立場に立ったり。

そんな状況で恐れを克服するには、**「ダッシュをかける」**のも大変効果的です。

ランナーが全速力で走っているとき、心の雑念は消え、すべてのエネルギーを前進のために注ぐことができます。

ただし、いつまでも全力で走り続けることはできません。走る距離が決まっていて、集中的にエネルギーを注ぐからこそ、力が発揮できるのです。

「三十分でビジネスのアイデアを十個出すぞ」

「新しい広告のシナリオを十五分で書いてみよう」

時には、こんなふうに自分や周囲を急《せ》き立ててみましょう。

また、何かを表現していくときは、長い上り坂を登っているように感じるかもしれません。

一歩進むたびに抵抗に負けそうになりますが、そこでくじければすべてが失われることもわかっています。

しかし、発想を転換すれば、生みのプロセスは大滑降のように坂を下っていく行為と考えることも可能です。**斜面の下ではなく、頂上からスタートするとイメージする**のです。

そのプロセスは一歩進むごとに、加速がついていき、心理的抵抗もこの勢いを止めることはできません。

たとえばインターネットを利用することで、この効果を増幅することもできます。ビデオをアップロードすれば、一週間で百万人が見るかもしれません。また、五人の人物を厳選してメールを送れば、プロジェクトをスタートさせることができるかもしれません。

表現したいものを広めてくれるシステムがすでにあるのなら、それを利用しましょう。

ただし、お金を払えばアイデアの特許を取得して宣伝するとうたっている会社や、参加料をとってコンテストを開いているような組織は、手段をもたない人を食い物にしているだけですから気をつけましょう。

できれば、アイデアを考えるのと同時進行で、それを世に出すための手段を確保しておくのが理想です。


たとえば、私が〝つくる〟ときのやり方をご紹介しましょう。

最初にやるのは、期限を決めることです。決めたら紙に書いて壁に張っておきます。これで現実の計画になりました。この日までに形にできれば成功、できなければ失敗です。

次のステップは、インデックスカード、付せん、システム手帳など、自分の考えを書き留められるツールを用意することです。そこに、知識、計画、アイデア、図表、連絡先など、何でも書いていきましょう。

役に立ちそうなものは片っ端から集め、できるだけ多くの人を巻き込んでください。彼らにとってもこれは大きなチャンスになるかもしれません。

次に、具体的に何をやるかを考え、その考えを徹底的に検討します。この段階では、まだ期限が先なので、爬虫類脳が目覚めて恐れや自己保身の感情が起こってくることはありません。人は基本的に、目先のことしか考えられないのです。

まずは、具体的に何をやるのかを自分自身がはっきりさせる必要があります（すでに核となるチームをつくっているのであれば、全員で考えます）。

カード（付せんなど）に書いたものを一カ所に集め、読み上げましょう。この作業は定期的に行なってください。すると、カードがさらに増えます。

次に、カードをデータベースに入れます。シンプルなデータベースなら何でもかまいません（レポート用紙でこと足りることもあります）。

チームをつくっているなら、グループで使えるデータベースをネットで探しましょう。すべてのカードを個別登録してください。

データベースには、テキスト、画像の他、別のカードへのリンクを含めてもいいでしょう。これらが検討作業の叩き台になります。

チームで徹底的にやりましょう。並べ替え、図や表をどんどん描いていくことです。これが改善する最後のチャンスだということを、全員に知らせてください。

それが終わったら、一人（あなたです）がデータベース全体を見渡して、プロジェクトの全体像を描き出します。青写真をつくるわけです。

この青写真は、全員に見せてはいけません。指揮権を与えたひと握りの人間と、お金を出している人、自分より上にいる人にだけ見せます。それらの人々に承認を得て、変えるべきところがあれば変えます。

プロジェクトを進めることが決まったら、**「与えられた予算と時間内で完成させたら、確実に世に出してもらえるか」**を確認しましょう。

イエスの返事がもらえないかぎり、着手してはいけません。必要なら青写真をつくり直して構いませんが、勇み足で進めることだけは絶対に避けてください。

ＯＫがもらえたら、プロジェクトに着手します。すでに検討作業をすませて煮詰めてあるアイデアを、期限内にきっちり形にしましょう。それが自分に期待されていることです。

自分のプロジェクトの完成形がどのようなものか、思い描いてみてください。

周囲の声や他の要因に配慮して、自分が本当にやりたいことを変えていないでしょうか。

よい評価を受けること、売上げや利益、影響力、次のチャンスなどを意識していませんか。

しかし、他者の物差しや、さしてこのプロジェクトを応援する気もない人たちの価値観で目標を決めるのは、もってのほかです。

5

「何かを与えられる人」だけが生き残る時代

なぜ「与えること」が、それほど重要視されるのか

私の通っていたスタンフォード大学では「見返りを期待せずに与える」ことの重要性を教えてくれませんでした（たまたまそのときの講義を欠席したのでなければ、ですが）。おかげで卒業生たちはすっかり洗脳され、「いくら儲かるのか」という発想しか浮かばなくなってしまっています。

私たちは今こそ、与える文化が繁栄につながることを理解しなければなりません。理由は三つあります。

第一に、インターネットやデジタル機器の登場により、多くの人々に文化を届けるコストが減少したこと。

第二に、与えることでパワーが生まれると理解しないかぎり、「かなめの人」にはなれないこと。

第三に、実際に与えていくことで心理的抵抗がなくなり、最高の仕事ができるようにな

ることです。

そもそも、私たちはなぜ「無償で与える」ことに抵抗があるのでしょう。

人間には、もともと与える文化がありました。石器時代の穴居人は長期にわたって助け合いを実践していました。文化人類学者のマルセル・モースは、彼らが与え合っていたのは人間関係の強化と、力を得ることが目的だったと書いています。

アメリカ北西部太平洋岸地域のネイティブアメリカンにおいては「ポトラッチ」という、与えることを競い合う文化さえあったのです。

彼らの社会では、すべてを与えることが族長の力の象徴になっており、出し惜しみをした指導者は、急速に力を失っていきました。

しかしこの伝統は、ある日突然失われることになります。貨幣と階級社会の誕生により、「手に入れても与えないという文化」に変わってしまったのです。

作家のルイス・ハイドは著書の中で、「私たちの社会においてはここ数世紀、たくさん受けとった人間が勝者だとされてきた」と指摘しています。

そのような人間が王となり、他の人はひれ伏すようになるわけです。権力者がおいしい思いをするのは、実はごく最近広まった傾向です。

そして、再び、与える人間が勝者となる時代になりました。アーティストの時代です。

与える人は、社会や組織になくてはならない存在になることができます。

今、市場が求めているのは、見返りを期待せずに作品や価値をつくり出して与えていく行為です。その行為を実践する人が尊敬され、注目される時代なのです。

それが可能になった理由の一つは、**情報をデジタル化して人に届けるシステムが誕生したから。**

自分が思いついたことを広めたければ、ネットを使ってほとんどコストをかけず、しかも短時間で全世界に伝えることができます。アナログ社会では考えられなかったようなスケールで人々にアイデアを広め、価値を与えていけるのです。

トーマス・ホークという、世界でもっとも成功しているデジタルフォトグラファーは、非営利目的などの条件を満たせば自由に使ってかまわないライセンス形態で写真を提供し、個人使用であれば著作権料をとらないようにしています。

トーマスはアーティストであると同時に、「与える人」です。**そのような生き方を選択したことで、価値観を共有する人たちが集まってきて、才能が認められ、お金をもらえる**

仕事もたくさん入ってくるようになりました。（ちなみに、私は「人に与えようという姿勢をもつ人」と、そのアイデアに共感して集まってくる人たちを「部族」の中で与え合っていた時代にちなんで、「トライブ《部族》」と呼んでいます）。

■■■「会社が押しつけるチームワーク」は、成功しない

「組織のかなめになれる人」は既存の価値観を壊し、驚くようなものをつくってみせ、新しい価値を生み出していきますが、無条件に指示に従うことはなく、予想外のことをやってしまうことがよくありますから、経営者にとってはしばしばやっかいな存在にもなり得ます。

しかし、そんな存在であるにもかかわらず、一般の人々も投資家も、「かなめの人」が創造したものが、単に安いだけの商品やサービスにない、プラスの価値をもたらしてくれる可能性があるとわかっていますから、彼らのことが大好きです。

彼らのまわりにはコミュニティが形成され、そのコミュニティ全体で価値が共有されて

いきます。

一方で、「チームワーク」を重視する経営者や上司は多く、そういった管理職たちは替えの利かないような優秀な従業員を恐れています。**上に立つ人間がチームワークという言葉を口にするときは、要するに「いわれたとおりにやれ！」といっているのと同じ。**上の指示を待ち、いわれたことをやるのは、本当の意味でのチームワークではありません。それは服従であり、使い勝手のいい歯車になることです。

私の知るかぎり、強い組織というのは、かなめになる人々が集まってサポートチームをつくり上げることです。

表現の目的は人々に影響を与えることですが、それにはあなたが創造したものの価値を認め、支えてくれるチームやユーザーが欠かせません。

自発的に与えることで、受けとった者の間につながりが生まれ、コミュニティが発生しますが、一方で、お金を媒介にしてとり引きしていれば、いずれ行き止まりに当たってしまいます。与える行為がもたらすような強固な絆は形成されないのです。

確かに、**自分が飢えているときに、利他的に振る舞うのは難しいものですが、利他的に振る舞っている人は、不思議と飢えることがありません。**

あるビジネス・コーチが、仕事のアドバイスや秘訣《ひけつ》を満載した二〇〇ページの電子ブックをネットで無償公開しました。

彼のことを心が広いと思いますか、それともバカだと思いますか。

与える行為は、表現したいという自分の本能を満足させてくれるだけではなく、「私は与えても困らないだけのものをもっている」というメッセージにもなります。

このような態度は、確実に人を引きつけます。

ダンバー数と小さな世界

イギリスの人類学者ロビン・ダンバーによると、部族などの集団は通常、百五十人を超える規模にはなりにくいそうです。**仲間や友人がそれ以上の人数になると、複雑すぎて把握できなくなってしまう**のです。

私たちは何万年もの間、遊牧生活を送ったり、小さな村落を形成したりして暮らしてきました。交通手段がなかったため、小さな世界に閉じ込められてきたのです。大きくなりすぎた部族は分裂し、別の場所に移動していきます。

部族以外の人に対しては取引を行ないますが、仲間うちでは見返りを求めずに与える。それが私たちの本来の姿だったのです。

しかし、交通、通信、製造などの技術の歴史に目を向けると、それを飛躍的に発展させるには、より多くの取引相手と、人材が必要でした。

小さかった世界が、大きくなる必要があったわけです。しかし、これは**私たちの社会的、生物学的本能に逆行する流れ**でした。

現代社会のストレスの多くは、この矛盾が原因で生じているのです。

この行動が「つながり力」を強くする

そもそも聖書は高利貸しを禁じています。モーゼからはじまったこの考え方は単純で、

「同胞にお金を貸すときには利息をとってはいけない」というものでした。

コロンブスが登場する大航海時代までの数千年間は、利息をとることはよしとされていませんでした。

それはなぜか。

部族の中で自由にお金が回ることになれば、繁栄のスピードも速くなります。あなたが種を買うためのお金を私が提供すれば、あなたの畑は大きくなります。するとあなたもお金に余裕ができて、そのお金を他の人のために役立てていくことができます。私もまた別の人に投資できるようになります。**お金が回るほど、部族は繁栄していく**——というしくみです。

一方、ケチな人たちばかりの部族は資金ぐりに苦労し、なかなか生産性が高まりません。

前者の部族で動いているのは、お金だけではありません。**相手を信頼し、無償で与えることで、二人の絆は深まり、コミュニティの結束も高まっていきます。**

みなさんだって奥さんにお金を貸すときに、利子をとったりはしないように、部族の仲間からも利子をとるべきではないのです。

上司にアドバイスを求めても、上司は相談料を請求したりはしないでしょう。その上司がコーチングやセラピストの資格をもっていたり、たとえプライベートな相談だったとしても、お金をとったりはしないはずです。

しかし、貨幣経済が定着して以来、生活のほとんどすべての要素にお金が絡《から》んでくるようになりました。

何をするにしても、それはお金のためか、間接的に経済的豊かさに結びつくことなのです。

私が空港からタクシーに乗るとしましょう。乗り場には四十人が列をつくっています。そこで私が「マリオットホテルに行くのですが、一緒に行く方がいたら乗りませんか」と声をかければ、変な目で見られるでしょう。彼らは私と一緒にタクシーに乗ったり、話したりするのがイヤなのです。

私の「与える行為」によって、つながりが生まれることがうっとうしいし、そんな面倒を背負いこむくらいなら、ちゃんとお金を払って自分だけのスペースを確保したほうがいいというわけです。

今や与える行為には、お金という対価が必要になってしまいました。見返りがなければ与えなくなってしまったのです。

このように見返りを期待する行為は、真に与える行為をくもらせます。しかも、それで得られる見返りは、真に与えた場合に比べても大したものではありません。

真に与える行為では、（少なくとも直接的な）見返りは期待しません。そしてその最善の方法が、価値をつくり出して与えていくこと――「表現行為」なのです。

実際の例を一つ紹介しましょう。

「アルコホーリクス・アノニマス（AA）」というアルコール依存症患者のサポート組織があります。AAのモットーは「金銭授受はしない」です。AAには会費を集める中央組織は存在せず、集まりに出席しても参加料をとられることはありません。

彼らは依存症から抜け出すために、金銭を絡めない関係をつくり、助け合い、支え合いながら活動しているのです。

仲間を無償で助けることには、二つのメリットがあります。

一つは、助ける人（与える側）と助けられる人（与えられる側）の距離が縮まり、その人をとり巻くトライブ《部族》が形成されていくこと。

もう一つは、与えてもらった人に「ある種の義務」が生じることです。**それは、与えてくれた人に同じ対価を返すことではありません。「別の人を助けていくこと」なのです。**

富は「FREE《無料》」から生まれる

みなさんは人のために何かを与えているでしょうか。

胸に手を当ててよく考えてみてください。

本章で説明してきた「無償で与える行為」が自分とは無縁だと感じているなら、それは暴走した商業主義のために人間性を奪われてしまった証拠です。

今の労働システムの中で、利用され、酷使され、搾取《さくしゅ》されてきたのかもしれません。与えられないのは能力がないからではなく、恐れのために、与えることを忘れてしまったからだとまず認めましょう。それが、はじめの一歩になるはずです。

たとえば、『ハリー・ポッター』シリーズを書いたJ・K・ローリングのように、アーティストの中には大きな利益を手にする人もいますが、表現行為は本来、お金を目的としたものではありません。

スタート地点は、自分のつくったものを見てくれる人、聴いてくれる人、使ってくれる人に無償で与える行為です。お金を得ようとした瞬間から、表現の価値は損なわれることになります。

人々をとり巻く環境は、今、大きく変化し、ツイッターやSNS（ソーシャル・ネットワーキング・サービス）の登場によって、新たなつながりが生まれ、表現はかつてないほど広い範囲に届き、多くの人々に影響を与えるようになりました。

私はこれらの価値観を共有してくれる人々を「フレンドリーズ（友好者）」と呼んでいます。その友好者に自分が生み出したものを無償で与え、さらに輪を広げていくことができるようになったのです。こんな便利な環境を利用しない手はありません。

そこには**「三つの輪」**が形成されていきます。

一つ目は、アーティストが自らの意志で、自らの喜びのために直接与えている人々。家族や友人、職場の同僚たちの輪です。

二つ目は、商業的につながっている人々の輪。あなたの作品やサービスにお金を払ってくれる人や組織です。彼らはあなたの表現行為――スピーチ、コンサルティング、メールマガジンなどに代金を払ってくれます。

三つ目は、インターネットの登場で生まれた、私がトライブ《部族》と呼んでいる人々の輪です。彼らはあなたの友好者で、あなたを支持し、あなたの友人になってくれるかもしれない人々です。

このような三つ目の輪は、かつてインターネットのない時代は存在しませんでした。しかし、友好者の輪は場合によってとても大きなものになります。また、「かなめの人」がより多くの人に影響を与え、生活を向上させるのを助けてくれます。それによって二つ目の商業的な輪が広がれば、結果的に、お金も集まって豊かになれるでしょう。

フリーのOSソフトウェアであるLinuxの開発者リーナス・トーバルズは、当初は主に友人たちのために無償で開発にとり組んでいたのですが、インターネットによって「三つ目の輪」が形成されたことで世界中の百万を超える人々が恩恵を受け、彼のトライブに加わって開発をサポートしてくれています。

「三つ目の輪」が大きくなってくると、「二つ目の輪」も自然に広がります。Linuxの開発をリードしたトーバルズと、その中心スタッフは、もう仕事に困ることはありません。与え続けることで、そのとり組みにお金を払ってくれる人が増え続けているからです。

誰がレンタカーを洗車するものか

私の友人のジュリーは「レンタカーを返す前に洗車する人はいない」というのが口グセです。

洗車しない理由は明白。レンタカー会社はあなたの友人ではありませんから、これはただの「商取引」であるという考え方です。

取引では、双方の間に「一定の距離」が生じます。ルールもはっきりしていて、それさえ守っていれば他のことを気にする必要はありません。

あるレストランで、今夜、食事をして料金を払ったとしましょう。取引はそれで完了です。明日もその店で食事をする義務はありませんし、お礼状を送り合う必要もありません。

このように、ある程度ドライな関係のおかげで、商業の自由度は飛躍的に高まり、私たちの経済活動は急速に拡大してきました。

では別のパターンを考えてみましょう。

お客に手を差し伸べた後、チップを断るベルボーイ、休みの日もお得意さまのために店に出る美容師、常連客に無料で特別メニューを届けるレストランのオーナーなどがいます。

これは決して取引ではありません。そのため、与えた者と受けとった者の間には絆が生まれます。しかも、多くの場合、与えた者は無償で奉仕したにもかかわらず、ますます豊かになっているのです。

このとき与えた側が受けとる報酬は、他者にプラスの影響を与えられたという事実です。逆に、お客がそれに応えたいなら、トライブを盛り上げていけばいいわけです。それがその人に応える唯一の方法です。


それとは対照的に、経済的利益を第一に考える人々もいます。過去五百年間続いてきたパラダイムに洗脳されているため、見返りがなければ与えようとしません。彼らは「世の中にタダのものなどない。この世は弱肉強食だ」と考えています。

こういった利己的な人々は、次の言葉を頭に叩き込む必要があります。

「アーティストこそが、組織や社会になくてはならないかなめである」

まずは組織のかなめとなって人々に刺激を与え、「この人ならやってくれる」と期待されるようになることを目指しましょう。与えることを実践するのです。

「利他的に振る舞えるのは、すでに成功して、あり余るほどもっている人だけでは?」と思うのは間違いです。逆説的ですが、**実は世界でもっとも成功しているのは、お金を目的にしていない人たち**なのです。

古いタイプの事業家は、著作権や特許保護を主張し「盗まれるかもしれないからアイデアは教えない」といいます。契約し、自分の利益を確保してから行動するという発想が染みついているのです。彼らの口グセは「金を払え」です。

一方、かなめになって働くアーティストたちは「さあ、受けとってください」と、出し惜しみせずに与えます。

最高の恩恵を「受けとれる人」

人に無償で価値を与えようとしない理由の一つには、その余裕がないからだ、ということがあります。

お金がかからなくても、時間とエネルギーは常に消費します。経済的に困窮《こんきゅう》しているときは、この二つを余計なことに費やす気にはなれないのはわからなくもありません。

しかし、自分に余裕がないと感じるのは、消費文化に染まり、借金や月々の請求に追い立てられているからではないでしょうか。

必要最低限のものにしかお金を使わないようにすれば、お金は余ります。人に与える余裕も出てきますし、その結果、不思議とそれが自分に返ってきて、さらにお金に余裕ができるようになっていくのです。

では、受けとる側はどんな心構えをすればいいのでしょう。

ただ、**差し出されたものを、受けとってあげるだけ**でＯＫ。

拒絶したり、もらったものをムダにしたり、間違った受け止め方をしたりすれば、彼らにとってダメージになってしまうかもしれません。

ハリウッドの映画業界は多くの優秀な作家の才能を潰しています。自主製作で素晴らしい表現活動をしている人々をスカウトし、大金を与える一方で、自由を奪って生殺しにします。

音楽産業も同様で、創作物を広めるかわりに妥協を迫り、制作者であるアーティストを骨抜きにしています。

彼らには、「お金を抜きにしたつながり」など考えられません。お金になるときだけ、価値のあるものを与えるのです。

一部では「心の労働」をマニュアル化して、お金に結びつけようなどと考える向きもありますが、そんなことをすればすべては無意味になります。

飛行機の降り口で「ご搭乗ありがとうございました。またのご利用をお待ちしております」と事務的にくり返す客室乗務員に、ありがたみはありません。

しかし、一流の乗務員は違います。

ブリティッシュ・エアウェイズのファーストクラスの客室乗務員は、疲れきった横柄な金持ちを相手に、何時間もサービスをしなければなりません。こういった顧客たちは自分で頼んだサービスを、あとから平気で突っぱねることも多いのです。

私が乗務員たちから直接聞いた話では、そのような職場でやっていくコツは、**サービスをするのが客のためでも会社のためでもなく、自分のためだと思うこと**だそうです。

人に与えて成功している人は、上からいわれて行動しているわけではなく、そうすることが彼らにとっての喜びだからそうしているのです。

もちろん、お金がもらえればありがたいですし、感謝してくれる客が多ければさらにうれしいものですが、一流の客室乗務員は、見返りがなくても表現行為を続けるでしょう。

ここで、もしも会社がサービス向上のためにと隠しカメラを設置したり、乗客アンケートをはじめたりしたら、彼らはやる気をなくすでしょう。

強要された表現行為に、もはや価値はありません。

インターネットが「与える行為」を加速する

なぜ、たくさんの人たちがYouTubeに動画を投稿するのでしょう。

それで収益や広告料が得られるわけでも、確実に名声が手に入るわけでもありません。

その作品は、最初、小さな輪の中に留まっていますが、ひと握りの友人や自分自身のために行なったその表現行為はやがて、不特定多数の人に広まっていきます。

ネットがその動きを加速するのです。

一気に百人がブログの読者になったり、ポッドキャストの視聴者になったりします。そこに経済的なやりとりはありません。自分がつくった価値を読者や視聴者と共有するだけです。

ある人のまわりにできた人の輪は、別の人の輪を生み出していきます。そのビデオを見た人が、自分にも与えられるものがあると気づくからです。

こうして、読者や視聴者の輪は拡大していき、より多くの人が、他の人がアップロードしたデジタルの贈り物を楽しむようになっていきます。

この機能がうまくいっている理由の一つは何度もいうように、**直接的なお金が絡んでおらず、交換する行為を媒介していないから**です。私があなたに二つのウェブサイトを紹介したときに、あなたがお返しに別の二つのウェブサイトを紹介しなければならないとしたら、それは表現行為ではなく、ただの取引です。

私にとってもブログを書くのは何かの見返りが欲しいからではなく、ささやかな価値を無償で発信することで、自分がいい気分になれるからです。

もしかしたら、そのうち意外な形で与えたものが戻ってくるかもしれませんが、それを事前に期待しているわけではありません。

たとえば、新しい技術の論文を公開したり、シンポジウムで無償の講演を行なったりすることもできますし、また、ネットに掲示板をつくって製品の活用法を顧客にアドバイスしたり、取引先にアピールしたりすることができるかもしれません。

損をするのは、溜め込もうとする人たちです。

価値を受けとるだけで自分から与えようとしない人は、一時的には有利な立場になったとしても、結局はとり残されてしまうでしょう。

「万人向けの商品」は成り立たなくなる

与えるために必要なのは、受け手の協力です。受け手が拒絶したり、もらうことばかりに執着したりしていれば、輪は縮小してしまいます。

それに、受けとる側にも、「別に喜ばせてもらわなくて結構」と思う人がいるでしょう。

そんなときはどう対処すればいいか。

アーティストはまず、利他的な視点で、どこに貢献の余地があるかを見極めていくと同時に、自分の能力を受け入れてくれる人とそうでない人を見分けることが重要です。**優れた表現行為ほど、万人に受け入れられることはありません。万人向けのものは結局平凡な結果に終わる**ということも覚えておきましょう。

「ありがとう」に加えるひと言

素晴らしいものをもらったと思ったら、素直に感謝の気持ちを表現してください。ただ「ありがとう」「素晴らしい」だけではなく、**具体的な言葉をつけ加えること**が大切です。


「素晴らしい本でした。四〇ページ分も付せんをつけてしまいましたよ」

「ありがとうございます。大変助かりました、と上司の方に報告させていただきました」

「感動しました。涙があふれてきました」

「ありがとうございます。ブログにあなたのことを書かせてもらってもいいですか」

「素晴らしい考え方ですね。広めるために何かお手伝いしたいのですが、私にできることはありますか」

「ありがとうございます。やり方を教えていただけますか」

「ありがとう。あなたのおかげで人生が変わりました」

「他人や状況をコントロールしたい」なら

ある講演でのこと。私が話をはじめたとたん、マイクが使えなくなってしまいました。スタッフが電池を交換するのを忘れてしまったのでしょう。私はイライラして爆発寸前。そのあとは予備のマイクで乗り切ったものの、もういつもの調子で話すことはできませんでした。

数週間後の講演で、今度はプロジェクターの電球が途中で切れてしまいました。不可抗力なので、私は運が悪かったとあきらめ、とり乱すことなくスライドなしで講演を乗り切りました。

自然に起こることに対して平常心を保つのは、それほど難しいことではありません。野外で演劇を鑑賞しているときに鳥がやってきてうるさく鳴いていても、突然の雷雨に襲われたとしても、仕方がないとあきらめますが、携帯電話の着信音が鳴ったら話は別です。心中では怒りが爆発、イライラして集中できません。

しかし組織のかなめになる人は違います。電池が切れていることに腹を立ててもマイクが使えるようになるわけではないし、スタッフに怒りをぶつけたところで無意味であることも知っていて、すんなりその状況を受け入れます。

人はそう簡単には変わらないものです。

他人にいちいち腹を立てるのではなく、そういうものだと認めて受け入れていくことができれば、この世はもっと生きやすく、楽しいものになるはずなのに、多くの人はまず他者の態度を改めさせようとします（会社などの組織では特に――）。

世の中を透徹した目で見つめる第一歩は、「自分にはどうにもならないこともある」ことを認めることです。

■■■ 執着すればするほど遠ざかるもの

自分の仕事や自分自身について他人がどう思うかを気にして、高い評価を得たいと思った瞬間、人はすでに執着心にとらわれています。

必死にとり組んできた仕事や、大切に温めてきた企画、重要な会議で、周囲の反応を待っているとき、必死の形相で「さあ、イエスといってくれ」と念じてしまうのです。

しかし、そんなことをしてもエネルギーのムダで、何の効果もありません。

悪い知らせが飛び込んできたときに、どのような態度をとるかも重要です。動揺したり、自信を失ったりしてしまえば、冷静な判断ができなくなります。よほどのことでないかぎりは「**おもしろいことになったぞ**」と発想を転換しましょう。

そこから学べるものを学んで、先に進んでいくことです。

たとえば顧客が怒っているのは、別にこちらをイヤな気分にさせるためではないでしょう。個人的な憎しみからではありませんし、かといってこちらに怒られるべき理由があるわけでもありません。

ただ、怒っている客が目の前にいて、それに自分がどう対応するかというだけのことです。

感情的になって相手の態度を改めさせようと思ったら、その時点で自分の負けです。そんなことをしても相手が変わることはまずありませんし、その日は確実に気分が悪くなります。

目の前で起こっていることに対して「これは前にもあったパターンだ」「原因はどこにあるんだろう」と分析できれば、ずっと建設的な対応ができるようになります。

リチャード・ブランソンが空港でとった「最高の選択」

雪の日の空港のサービスカウンターは大わらわ。

荒天で運航スケジュールが混乱しても、ベストの結果にありつける人がいる一方で、ほとんどの人は考えることをやめてしまい、計画の軌道修正ができません。

あるとき私の前にいた女性が乗ろうとしていたフロリダ行きの便が、欠航してしまいました。飛行機のトラブルはどうすることもできないのですが、彼女はその事実が受け入れられずパニックになっていました。別の便に替えれば、十分遅れで近郊の街に到着できるのに、現実を見て冷静に対応することができないのです。

このとき、彼女には選択肢が与えられていました。**不愉快な結果に執着し続けるか、冷静に起こったことを受け止め、先に進むか**です。

今から四十年前、後にヴァージン航空を創業することになるリチャード・ブランソンが、プエルトリコの空港でこれと似たような状況に直面しました。

一日一便しか飛んでいない飛行機が欠航したのですが、彼は怒り狂う代わりに、チャーター便の受付窓口まで歩いていって、飛行機をチャーターしました。

若きリチャード・ブランソンがやったのはそれだけではありません。小型の黒板を借りてくると「ヴァージン諸島行き、三九ドル」と書き、出発ホールで客を集めたのです。チャーター機は満席となり、彼は払った分以上のお金を手に入れ、しかも時間どおりに島に戻ることができました。これは、数十年後に彼がはじめる事業の先駆けとなる行動でした。

どんな経営者でも、彼のような発想ができる人を雇いたいと思うはずです。

やわらか頭の人・頭の堅い人

様々な事態で判断力を発揮するカギは、冷静さと熱意です。

193ページの図を見てください。グラフの四つの角にある人物像は、仕事で何かが起こったときの対応を示します。

右下の「封建主義者」は、自分のものの見方に執着し続け、事態を冷静に判断することができない人物。彼らは変化や、新しいことに関心をもつこと、競争などを避け、世の中はこういうものだと決めつけているため、なかなか現実が見えません。

「封建主義者」の目を通して見た世界は、常に本物より小さく貧相です。

全米レコード協会は、ネットでお金を払わずに音楽を聴いている人を訴える活動をしていますが、これはまさに封建主義的態度です。

協会は世界中の人々を訴えるために、何億ドルものお金を費やしていますが、成果は上がっていません。

「望んでいる状態への執着心」と、そのために「お金と時間をかけようとする熱意」が組み合わさると、大きなムダが生まれ、リスクも抱え込むことになる、というわかりやすい例でしょう。

左上の「官僚主義者」は、結果に執着することがない一方で、必要以上の努力は一切しません。ルールに従うだけの人々です。彼らは淡々と仕事をこなしていきます。

左下の「グチり屋」は、冷めているくせに、自分のものの見方にひどく執着します。変わることを恐れていて、状況を改善するエネルギーをもち合わせていないが故に、今の状態が続くことをひたすら願っています。

私は、新聞業界の人たちの大半がこのタイプだと見ています。彼らは新聞が、ジリ貧になっていくのを目《ま》の当たりにしながら、世の中が悪いと嘆くばかりでいっこうに行動しないのです。

さて、残るは右上の「組織のかなめ」です。**達観している彼らは、世界をありのままに見つめることができ、客が怒っていても個人的に攻撃されているわけではないことを知っています。**

「熱意」と「冷静さ」が仕事への姿勢のカギになる!

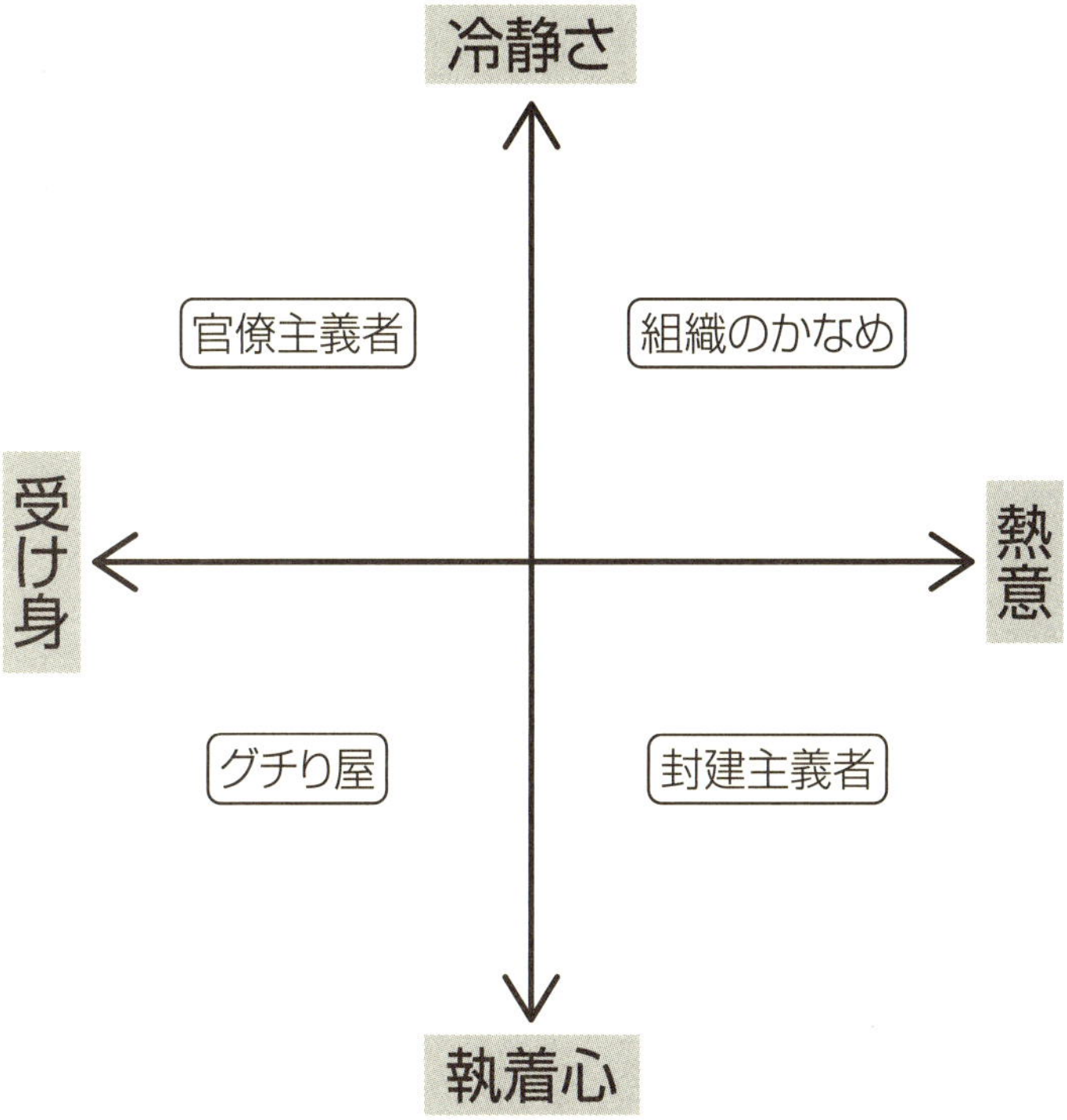

政府の政策に人々を苦しめる意図がないことや、状況によってはクビを切られる場合があることも理解しています。

彼らはまた、熱意をもって仕事をします。正しい部分にきちんとエネルギーを注げば結果を変えられることを知っていて、そのためにエネルギーを蓄えていますし、嘆いたり訴訟を起こしたりして時間をムダにすることもありません。

判断力のカギである「冷静さ」と「熱意」については、「見据《みす》える力」と「関心」という言葉に置き換えることもできるでしょう。

■■■「一歩引いて」現実を見よ

ある人が現状に留まろうとして必死になっているとき、その人は何を守ろうとしているのでしょうか。

過去でしょうか、現在でしょうか、それとも未来でしょうか。

いずれであっても、現代社会では何の意味もありません。今の世の中で求められているのは、**過去、現在、未来をくもりのない目でとらえる能力をもった人**です。

道の前方にデコボコが見えたときに絶望するか、それとも「おもしろいことになった」とワクワクできるかで、将来は大きく変わってくるのです。

現状に必死でしがみついている会社と、大きな成長を視野に入れている会社があるとき、人々がどちらを選ぶかは明白でしょう。

世間には、真実を歪曲《わいきょく》してでも自分に都合のいい認識を維持しようとする人々があふれています。だからこそ現実をしっかり見据え、改善の努力をしていける人に価値が生まれているのです。

人間の認識は、それぞれが身につけたものの見方や執着心のために、常に歪《ゆが》められています。

企業の顧客サービス部門の担当者に、会社が抱えている最大の問題は何かと尋ねてみると、おそらく顧客サービスに関することをいうはずです。

同じ質問を財務の担当者に聞けば、財務に関することが問題だというでしょう。誰もが自分の分野のフィルターを通して世界を眺めているのです。

かなめになる人は、世界を見るときにそのようなフィルターをかけません。**偏った見方をすると状況をありのままに受け止められないとわかっている**からです。

交渉のうまい人は、誠意をもって相手の立場を理解することに努めます。相手の目線に立つことではじめて、どのように交渉していけばよいかが見えてくるのです。

しかし、自分の感情や過去の経験にとらわれたり、組み込まれているシステムや利害関係、一緒に働く人々の常識に縛られたりすると、望む結果とは異なる結果を手にしてしまいます。

たとえば音楽業界を仕切っている人たちは既存のビジネスモデルが気に入っていて、これまでのやり方や、アーティストとファンの関係のあり方にしがみついています。

そのせいで、今のモデルがいずれ破綻《はたん》することが予想されるにもかかわらず、強引に同じことを続けようとしています。彼らの頭が悪いのかというとそうではなく、現状に執着する気持ちと未来への恐怖心のために、目がくもっているだけなのです。

こんな中で成功する人々は、過去と未来の間で複雑に絡み合った糸を解きほぐして、対処可能な状態に戻す作業ができているのです。

これからの「チームプレー」とは

人に真実を告げる前には、まず自分がその内容をよく知っておかなければなりません。そのためには経験と知識が必要です。何より、それを見ようとする意思がなくてはならないのです。

ほとんどの人は、真実が見えていても、それを認めたがりません。不満をもっている取引先がいたり、製品に改善点があったり、業界が斜陽であることに気づいても、見て見ぬフリをします。真実を否定しない一方で、受け入れるのを拒むわけです。

他の人に見えていない真実に気づいたわずかな人は、波風を立てたくないが故にそれを口に出すのをためらいます。

スタンドプレーよりチームプレーを大事にしろと教えられてきたことも、人のやる気にブレーキをかけます。

実際、業界が低迷していることを認めようとせず、消えていった旅行代理店もありますし、売上げが落ちているのにやり方を頑《がん》として変えようとしない営業マンもいます。

ライバルが未来のために時間を費やしているときに、ないものねだりを続けるのは生産的とはいえないのに、特定の見方や結果に執着し、それが現実にならないことがわかると、嘆いて時間を浪費している人がいます。

たとえば、研究所の助手は、いわれたとおりのことをやりますが、一方、科学者は次に何をするべきかを考えます。

科学者が意外な発見をするのは別に不思議なことではありません。やるべきことをやっていれば、いずれそうなるのです。

彼らは直感に従って試行錯誤しながら、新しい道を見つけていきます。大発見のための準備を意識的に行っているのです。

地図が存在するなら、そこに創造性を発揮する余地はありません。「かなめになれる人」とは、地図そのものをつくる人、地図のない場所に自分で道を切り拓《ひら》いていく人のことなのです。

6

「頭ひとつ抜ける人」へ今こそ成長するときが来た！

「そこそこ目立つ」ことに意味はない

誰もが今、現状のまま組織にとり込まれていくのか、変えていく決断をして目立つ存在になるか——という岐路に立っています。

前者を選んですべてが「問題ない」状態を目指すのも一つの方法ですが、後者を選んで波風を立てることを恐れずに周囲をリードし、あらゆる部分を徹底的に改善していくのも自分しだいです。

条件に合った従順な人間を雇う会社に入るか、変化の旗手となるユニークな人材を雇う会社に入るかも、自分が決めることです。

ちょっとだけ目立つ存在になろう、などと考えてはいけません（できるだけ平凡になろうとするほうがまだマシです）。

中途半端な態度が一番危険だということを覚えておきましょう。

この社会でもっとも大きく変わったことは、「自分で決める必要が出てきた」ということ

とかもしれません。資金調達や人脈は、かつてほど重要な問題ではなくなってきました。その気になれば、誰でも「かなめ」になれるのです。

もちろん、環境の影響が大きいことは確かですが、新しいルールにおいては、たとえ環境が完璧だったとしても、そこでかなめとして働こうと思わないかぎり成功者にはなれません。

今は、周囲の世界に生じるチャンスや障害にどのように対応するかで、その価値を評価される時代だからです。

ここからは、組織や社会のかなめになる人が果たしていく役割と、どのようにそれらの役割を実践していけるかについて、考えてみることにしましょう。

たとえば、よりたくさん絵を描いたり、文章を書いたり、アイデアを形にしたりすれば、社会のかなめになれるでしょうか。おそらく、ある程度は効果があるでしょう。

しかし、本当に大切なのは、とり組みのための時間が確保できていることで、生活すべてをその活動に捧げることではありません。

本気で表現にとり組んでいる人は、自分の本当にやりたい表現活動と、それ以外のやるべき仕事をきちんと区別し、バランスよく行動しています。

いつもお客が途絶えない「あのお店」の秘密

人間同士が関わって物やサービスをやりとりするときの典型的なパターンは、「与える」ことと「受けとる」ことで成り立っています。

上司や経営者から仕事を与えられ、それをこなし、対価として、お金を受けとります。一種の交換で、近所の商店で物を買うのと代わりはありません。

もちろん、その店の商品が他の店より高ければ、店を変えてもっと安いところから買うでしょう。

店のほうはどうでしょう。より高い商品にお金を払ってくれる客が見つかれば、その人に売るはずです。

では、このパターンに、何か足りないものはないでしょうか。

そう、お互いが「与える」行為です。

上司や経営者から「受けとる」だけでなく「与え」れば——価値を創造したり、洞察や

つながりはこの「バランス」で成り立っている

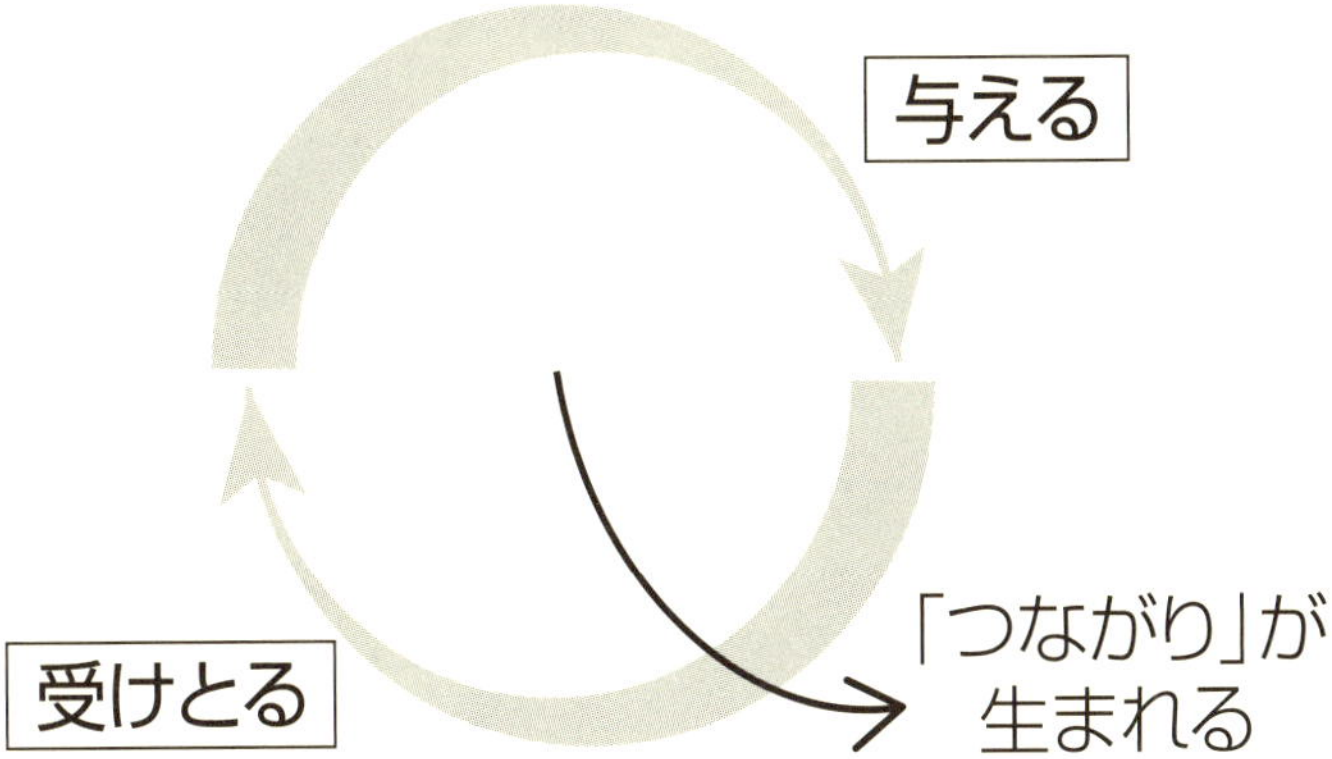

行動、人のつながりで貢献したりすれば――どうでしょうか。

　近所の商店が、お金を「受けとる」以外に「与え」れば、心地よいサービスや人としての触れ合い、誠意、喜びなどを無償で受けとることができ、数ドルを浮かせるために離れた大型店まで足を運んだりはしないはずです。

　このようにして与えられたものには、その人の努力が込められています。**その努力は、お金も、仕事も、資本主義をも超えた、偉大なもの**なのです。

トップダウンではもはや変化は起こせない

私はFDA（米国食品医薬品局）の幹部百人の前で講演をしたことがあります。本書であつかっている問題は、大きな企業や政府も無視することはできません。

米国政府の中でも優秀な人々は、組織のかなめを見つけ、活用していこうと必死になっています。彼らは、官僚主義でのんびり新薬を承認してきたFDAのやり方が、ずいぶん前から時代遅れになっていて、早急な変革が必要だということに気づいていました。

講演で質疑応答の時間になったとき、検査官の一人が手を挙げてこんな質問をしました。

「新たな未来を描くとか、自分をとり巻くトライブ《部族》をつくって変化を起こしていく……とかおっしゃいますけど、私たちにその〝権限〟はありませんよ」

この人は制服姿で、胸に記章をつけていました。

私は彼の質問に、こう応じました。

「では、あなたの記章が、どこまで大きくなればできるようになるのでしょうか」

結局、記章が大きくなっても何の役にも立ちません。彼自身が変わらないかぎり、新しい道が拓《ひら》けることはないでしょう。

かなめとなる人に権限は無用です。「権限」が問題になるのは古い工場の中であり、あなたが活躍していく場所では必要のないものです。

真の変革が組織のトップから起こってくることはまれです。多くの場合、変革は中間層で起こり、時には下層が起点になることもあります。

はじめに誰か一人が立ち上がり、リスクを負って行動を起こし、彼の行動に共感した人々がついていくのです。けっして上から命じられて動き出すわけではありません。

周囲からの「余計なお節介」に気をつけろ

組織に適応する方法を教えてくれる人は、まわりにいくらでもいます。こちらの間違っている部分を指摘して、「こうしなさい」と強制的なアドバイスをする人たちです。

しかし、目立つ存在になれと背中を押してくれる人はほとんどいません。

組織に適応する方法を教える本、批評家、上司、教師、親、警察官、同僚、政治家、友人をひとまとめにしたら、ちょっと圧倒されるような勢力になりますが、適応の度が過ぎると、変化はほとんど起こらなくなります。

では、組織のかなめとして活躍するためには何をすればいいのでしょう。

①多くの「工場労働者」を雇い、どんどん規模を拡大していく。ほとんどの人がマニュアル志向で、平凡な働き方を望んでいる人の現実を利用する。彼らが安売りしている労働力を活用して価値を生み出していく

②「組織のかなめ」を必要としている経営者を選ぶ。自分の希少性や貢献力を正当に評価し、存在価値を認め、それに見合った自由を与えてくれる人を探す。クリエイティブな仕事をして、変化をつくっていく

選ぶべきは、いずれかの道でしょう。

以前、企業のコーチングをやっているディアナ・ボークトから、「**もっと創造性を発揮するのに何が必要か、考えてみましょう**」と、アドバイスされたことがあります。

このように考えると、自分に言い訳をする余地がなくなります。「何もやっていない」という事実だけが残るからです。

「現在の状況を冷静に見つめるのに何が必要か」

「自分を中心にして集まってくるトライブ《部族》を、引っ張っていくには何が必要か」

「アーティストとなって価値をつくっていくのに何が必要か」

こんなふうにどんどん考えてみましょう。

「未来へのノスタルジー」にとらわれない

人は誰もが過去を懐かしむ気持ち――ノスタルジーを抱いています。もう戻ることのできない過去の、甘くてほろ苦い体験を懐かしむのです。学生時代の特別な一日、素晴らしいチームの思い出、家族で過ごした時間などを思い出して、そこに浸ります。

誰もがもう一度同じ体験をしたいと願いますが、それは不可能でしょう。

現状が変わって過去と似た状態になってくれるのではないかと淡い期待を抱いていても、

実際に変化が起こったときに目の前に現われるのは別の未来です。

人は未来を思い描き、それが見果てぬ夢だとわかっても、その夢にノスタルジックな気持ちを抱きます。

これは前向きなビジョンとはいえず、むしろ悪い部類の執着です。**人間は特定の結果に執着する傾向がありますが、それは自分の力でどうにもならないものであることが少なくありません。**

望んだとおりに人生を変えられるとしたら、どのような人生を望みますか。

ほとんどの人は、もう少し広い家とか、今よりマシな仕事（とマシな給料）といった、小さな変化をイメージするものです。

しかし、中には今と大きく異なる未来を実現したいと熱望する人もいます。このような人たちには、企業が組織のかなめに求めている、「未来を見通すリーダーシップ」や「改革の原動力」が備わっています。

これはスキルや才能とは別のもので、そのような人間になる選択をした人が、そうなるのです。

『ニューヨーク・タイムズ』紙は一九九〇年代にアマゾンからある契約をもちかけられて

いました。乗っていれば新聞記事の配信に革命が起こり、現在までに数十億ドルの収入が上がっていたことでしょう。

元CFO（最高財務責任者）ダイアン・ベイカーによると、断ったのは経営幹部たちの判断だったそうです。

彼らは当時の大広告主から不興《ふきょう》を買うことを恐れたのです。未来に対して経営陣がノスタルジーを抱き、針路変更を嫌った結果でした。

また、人はかすかな「未来への希望」にもしがみついてしまいます。

飛行機が遅れないでほしい、欠航にならないでほしい、墜落しないでほしい、時間どおりに着いてほしいと願います。あるいは、手術が成功してほしい、上司に怒鳴られずにすませたいと祈ります。こうした心理を抱き続けることで、多くの人が神経をすり減らしています。

希望にしがみついてしまうのも、未来にノスタルジーを抱いているからです。

自分の望む希望をもって努力すれば、その結果に到達できるかもしれないと、根拠のない期待をしてしまうのです。

「田舎者の打たれ強さ」を身につけよ——エマソンの言葉

人に与えていこうとすると、必ず失敗を経験します。それも一度や二度ではありません。しかし、そのような失敗は、必ず大きな財産になるのです。

多くの人が、変化を起こそうとして失敗すると、そこであきらめてしまいますが、**苦しさを乗り越えて登り続け、高みにたどり着いた人だけが、豊かな経験と打たれ強さを身につけていきます。**

哲学者ラルフ・ウォルド・エマソンの言葉を紹介しておきましょう。

本学の卒業生が最初の事業で失敗すると、自信を失ってしまう。商売をやって失敗すると、誰もが人生が終わったという。

「大天才」と呼ばれる青年が、私たちの大学を出て一年以内にボストンやニューヨークの街や近郊で仕事に就けなければ、友人も本人も、落ち込むのが当然で一生嘆き続けても仕方がないと考える。

一方、ニューハンプシャーやバーモントの（田舎出身の）頑強な若者は、あらゆる職種にどんどん挑戦する。

チームをつくり、農業をやり、行商し、学校を管理し、説教をする。新聞を編集し、議員になり、一つの地区を丸ごと買う。毎年のように新しいことに挑戦して、失敗しても必ず猫のようにひらりと着地する。

彼らは都会育ちの本学の軟弱な青年百人分の価値がある。今を生きることに徹し、仕事が身につかなかったと恥じることもない。人生を先送りすることなく、しっかり生きているからだ。

彼らにとってチャンスは一つではない。一〇〇のチャンスが拓けている。

■■■

「かなめになれる人」5つの特質

語彙《ごい》分析という作業があります。ある文化において何かを記述するのに用いられるすべての言葉を解析し、基本的なカテゴリーに分類する行為です。

性格の分析では、ほとんどの心理学者が、私たちが五つの基本的特性で人を判断していると考えています。

その特性とは、**開放性**、**誠実性**、**外向性**、**調和性**、**情動安定性**です。

実は、これらは組織のかなめに特徴的な資質でもあります。

人々から称えられる仕事は、ここ百年で変貌《へんぼう》を遂げました。かつては重いものをもち上げる人が尊敬されていましたが、今は自分の個性を伸ばして活用していける人が価値を認められます。

他者と一緒に物事にとり組んでいく能力がある人が、それを活かして成功していこうとするときには、これらの五つの要素を高めていかなければなりません。

みなさんのまわりには、自分より新しい考え方に対してオープンな人（開放性を備えた人）や、人の意見に理解を示す人（調和性のある人）はいるでしょうか。

自分より精神的に落ち着いている人（情動安定性の高い人）や外向的な人、物事に誠実にとり組んでいる人はいますか。

だとしたら、うかうかしてはいられません。多くの人が数字やタイムカードで自分の仕事ぶりを評価したくなりますが、実際には、**人とのつながりやコミュニケーションに力を注ぐことこそが、最終的な結果につながる**のです。

人とのつながりについて、企業間電子商取引（B2B）を例にとって考えてみましょう。取引相手を判断するときもっとも重要な要素が「価格」であることはめったにありません。大切なのは、「その相手とのつながりにどれだけの価値があるか」です。

一方、仕事の満足度はどうでしょう。職場のクオリティを判断する際、もっとも重要な要素は、人間関係（人のつながり）が良好かどうかです。

つまり、組織の中で人と人とのつながりをつくり、育んでいける人こそが、会社にとって欠かせない存在なのです。これは、ただ単にアドレス帳にたくさん名前が並んでいればいいというわけではなく、どれだけ質の高い、貴重な関係を維持していけるかどうかがポイントなのです。

人間関係を築くには、優れた感覚と胸襟《きょうきん》を開いた態度が不可欠です。そこにマニュアルは存在しません。**人間関係の達人が持っている知識や経験、人脈（つながり）を数字で評価することは難しく、他の人で代用することは困難**です。だからこそ、貴重なのです。

投資銀行で働く二人の人物を思い浮かべてください。

一人は金融学の経営修士号をもつクオンツ（定量分析の専門家）です。もう一人は資格こそありませんが、人づき合いに力を注いできた人物で、顧客二十七人と個人的関係を築いています。

会社にとって価値があり、替えの利かない存在なのはどちらでしょう。

金融工学を扱えることは、確かに大事ですが、そのような金融商品に必要な計算は外部に委託したり、コンピュータにやらせたりすることもできます。前者の専門知識が天才レベルでないかぎり、私なら後者の人物を選ぶでしょう。

■■■「会社のイメージ」を劇的に変えた、小さなアクション

ケーブルテレビ業界の巨人「コムキャスト」に勤めるフランク・エリアソンは、カスタマーサービスのプロとして『ニューヨーク・タイムズ』紙の一面を飾ったこともあり、テレビやネットでも数え切れないほどとり上げられてきました。

エリアソンはあるとき、不満をもっている客の多くがツイッターで会社やサービスに関する怒りを爆発させていることに気づきました。

そこである日、ふと思いたってつぶやきに返信してみたのです。

誰かに指示されたからではありません。ただ、彼らのために何かできないかと思ったのです。それは、義務とは関係ない、無償で与える行動でした。

その結果、どうなったでしょうか。不満をつぶやいていた人たちは大喜びしました。企業の有名人が自分たちのつぶやきに注目してくれたことに驚き、すぐに彼のファンになったのです。エリアソンはわずか数十秒で、彼らを一八〇度心変わりさせてしまったのです。

人はそれだけ、ふれ合いを求めています。ちょっと気になる人々に注目するだけでも、相手に大きな何かを与えられるのです。

もう一つの例を紹介しましょう。ニューヨークのエネルギー会社「コンエディソン」のポールは、先ごろ昇進しました。

ポールのチームは、ガス管が古くなっている地域に足を運び、アスファルトの地面を掘り起こして管を敷設します。彼はチームで一番の若手ですが、貢献度ではトップレベルの仕事をしています。

なぜか。それはポールがコミュニケーションの達人だからです。彼はドアのチャイムを鳴らし、近所の人々をなだめ、地下室に入る許可をとりつけて、邪魔な植木を移動させます。どれも必要なことですが、身を入れてとり組む人はほとんどいません。

パワーショベルの操作をする人間やパイプをつなぐ人は、簡単に変えることができますが、かなめとして活躍しているポールをとり替えることはできません。

人を評価するときに、コミュニケーション能力が軽視されるのは、それを数字にするのが難しいからかもしれません。

しかし、**コミュニケーションも大切な表現行為の一つだとすると、その能力に長けている人は、それだけで希有《けう》な存在だ**ということです。

相手に「プラスの影響」を与える努力

いかに言葉をつくろっても、それが本音かどうかは相手にすぐ伝わってしまいます。

自分がキレそうになっていれば、いわなくても他の人にもわかりますし、嘘をついているときも同じです。逆に、あなたがつらい気持ちを抱えているときは、まわりの人がそれとなく察してくれたりもするでしょう。

ビジネスで本当に成功しようと思ったら、「嘘偽りなく心から」与えなければなりません。

相手の存在を認め、純粋な心で何かをしてあげれば、それは相手にもきちんと伝わります。

「これは本物だ、この人は信じられる」と思ってもらえ、相手との関係に変化が生じます。**「あの人と私」ではなく「この人と私」と思ってもらえるようになる**のです。

「相手を思いどおりにしよう」という発想を捨て、惰性で仕事をする生き方を変えましょう。

ここは大事なところなので、今一度説明しておきます。

今や日常生活には必要なものがほとんど揃っているので、誰も平凡なものにお金は払いません。商品を購入するときには、人とのつながりや体験、驚きの部分に価値を見出して買っています。

これは仕事も、政治も、友人関係も同じこと。誰を信頼し、誰を近づけないかという見極めがすべてなのです。

企業は今まで人間性を排除することで平凡なものを売りさばいてきましたが、そのようなやり方は今、壁にぶつかっています。

「人とのつながり」が中心になった現代においては、私たちはそこに価値をおいて、人々にプラスの影響を与えていかなければ成功者になれません。

「これから伸びる社員」を集めるザッポスのやり方

組織のかなめとして活躍する人は、心の労働をすることと、地図をもたずに道を切り拓くことを大切にします。そこには、次のような「七つの能力」が関わっています。

① 組織を「クモの糸」のようにつなぐ力

どの会社にも、人のネットワークがあるでしょう。そのネットワークを維持しているものは何でしょうか。

給料と、仕事を失う不安だけだとすれば、その会社はすでに負け組です。

ちょっとあり得ない話だと思うかもしれませんが、靴のネット通販で成功した「ザッポス」は、二週間の有給トレーニングを終えた時点で、「仕事をやめたい」といった従業員に二〇〇〇ドル（約二十万円）を渡しているそうです。

なぜわざわざそんなことをするのか。

CEOのトニー・シェイは、金のためでなく、心からこの会社で働きたいと願う従業員だけを残したいからだといいます。**数千ドルで去ってしまうような人間はそもそもいらないというわけです。**

優れた企業は、目的意識をもち、友好者たちの集団が結束して一つの方向に進み、成果を生み出していきます。

目的は、偶然に達成されることはありません。

組織のかなめになっている人が意欲的にメンバー同士のつながりを強め、リードすることで達成されるのですが、これは「心の労働」ですから、マニュアルにはなり得ません。

もちろん企業には、顧客や取引先も関わっていますから、こういった人々と組織とをつなぐことのできる人は本当に貴重です。

ダリエンヌ・ペイジもその一人。彼女はホワイトハウスでオバマ大統領に会う人を最初に迎える女性です。米国政府の窓として働く彼女は、自分の仕事を、人とのつながりをつくっていくチャンスだととらえています。

会見予定者がセキュリティチェックを受けて彼女の小さなオフィスにやってくるまでの間に、彼女はその人の名前をグーグルで検索しておきます。

温かい笑顔で迎えたときには、相手のプロフィールや得意分野をちゃんと把握しているのです。彼女にとっては人との触れ合いが何よりも楽しみで、自分の仕事を誰かに価値を与えられるものだととらえているのです。

②「オリジナル」をつくって伝える力

ほとんどの人が毎日細々《こまごま》とした仕事に追われて、本当にやるべき価値のあることをおろそかにしていますが、文書整理や片づけなど、人に任せられる雑用はなるべく人に任せて新しい価値を生み出すことや現状の改善に力を注ぎましょう。

必要とされる存在になることに全力投球するのです。

余計なことのために燃え尽きてしまっては、何の価値も生み出せません。単に長く働けばいいと思っている人も、考えを改めてください。

「創《つく》ること」のキーワードは、「個性、オリジナリティ、意外性、有益性」です。

他には存在しない「独自」のものを生み出していくには、専門知識や信頼される立場、組織や社会に貢献する利他の心が必要です。

さて、問題は「伝える」の部分です。伝えるには、創造力に加え、拒絶されるリスクを負って人に届けるだけの情熱がいります。

③ 複雑な問題を解決する力

問題が複雑になると、その時々で対処法も変わるため、マニュアルは役に立ちません。

こういった状況では、かなめとなる人の存在がとりわけ貴重になります。彼らは地図のない場所に道を切り拓き、組織を素早く誘導していきます。思考停止に陥った集団ではそうはいかず、次にやることがなかなか見えてきません。

私は以前、夏期キャンプ旅行の運営を手伝っていました。一番大変だったのは移動です。何百人もの子どもたちを引き連れて、世界中の町を何十と回らなければなりません。バスと乗用車と飛行機の手配。パスポートをもっている子、もっていない子。電話をかける必要のある親、ドタキャンしてくる親の対応。

九十人のスタッフのうち、移動を任せられるのは十名余りでした。彼らは、有能な外交官のように、自ら状況判断ができる人々で、実に頼れる存在でした。

もちろん、他のスタッフもみな素晴らしい人たちでしたが、冷静に先を見通して判断する力に欠け、移動日の対応ができませんでした。

こういった能力はつけ焼き刃で何とかなるものではありませんが、天性の資質というわけでもなく、努力することで誰でも身につけることができるのです。

④ 顧客をリーダーシップで導く力

ユーザーの分散化が進む中、人々はこれまで以上に横のつながりを求めるようになっています。フォローしていける対象を探し、一緒に価値観を共有できる仲間を求めているのです。

これまでのビジネスモデルでは、少数の集団が商品やブランドをデザインし、別のチームが売るというものでした。これは一方通行で、固定的です。

新しいモデルは双方向で、流動的、権限も分散していますから、一つの小さなチームではダメなのです。

顧客や取引先と関わり合うすべての人間が、それぞれにリーダーシップを発揮してマーケティングを行なっていかなければなりません。

ただしリーダーシップにマニュアルはありませんので、そこは覚悟しておいたほうがいいでしょう。

⑤ 周囲のモチベーションを上げる力

組織には「慣性の法則」が働きます。止まっているチームはたいてい止まったまま、動き出すことはありませんし、集団が大きくなるほどその傾向は強くなります。

シニカルな人間や優位に立とうとする人間、保守派など、さまざまな人がしゃしゃり出てきて、すべてが止まってしまうのです。

モノをつくっている工場では、株の所有者が経営者を支配し、経営者が管理者を支配し、管理者が労働者を支配していますから、指示系統は明確です。

これに比べると、現代社会の組織の多くはずっとあいまいです。**責任の所在が不明確で、成果が測りにくく、目標も厳密に定められてはいませんから、停滞しやすくなります。**

そんな中、組織のかなめになる人は、変化を起こすことが自分の役目だとわかっていますから、やり方をどんどん工夫していきます。

無理にやらせるのではなくやってもらう、追い立てるのではなく引っ張っていく、という発想ができ、いろいろな選択肢を選んでいくことができるのです。

「今すぐ解決策を見つけなければ、クビだぞ！」と従業員を脅すことも、もちろんできますが、それでは誰も変わらないでしょう。

⑥ 誰にも負けない専門知識の力

高い専門知識があってもそれだけではムダですが、そこに優れた判断力と利他的な態度が組み合わされば、変化を起こしていく力が生まれます。

レスター・ワンダーマンは、各種のメディアを通じて商品情報を直接提供する「ダイレクトマーケティング」の高度な知識をもっています（そもそもこの手法は彼が発明したものです）。

アメリカンエクスプレスカードの開発やコロンビアレコードクラブの創設にも寄与した彼が、一九九六年に私のネット企業の取締役を引き受けてくれました。

しかし、われわれは彼からダイレクトマーケティングについて一切教わることはありませんでした。

その代わりにチームが学んだのは、意思決定や戦略についてです。

業界の大物についての知識を得たほか、多くの顧客のモチベーションになっているのが何か、という部分についても知ることができました。

人を指導するときに大切なのは「知識を与える」ことではなく、自分の「心構え」をその人に伝え、自分と同じ「自信」をもてるようにすることだ、と教わったのです。

レスターはすでに自ら地図を描き上げていたので、私たちの地図づくりをサポートできたわけですが、こういう自信がもてているのは、深い知識が根底にあるからです。

⑦「オンリーワン」をアピールする力

私は子どものころ、『スーパーヒーロー軍団』というマンガが大好きでした。ハチャメチャなストーリーのマンガで、スーパーヒーローからB級ヒーローたちまでがアジトに集まり、一人では倒せなかった怪物を倒しにいきます。

出だしはたいてい、市民がアジトを訪ねてくるところからはじまり、ヒーローたちが自己紹介をします。もちろんスーパーマンやバットマンは有名人ですから、名乗る必要はありません。

けれども下級の地味なヒーローたちは、名前を告げて自分たちの能力を説明することになります。「ボクはワスプ。数センチの大きさになって羽で飛び回ることができる。ビームも出せるんだ」

ビジネスにおいても、人に会ったときには自分だけの「特殊な」能力をもっていることをアピールしなければなりません。自分を強引に売り込めとか、押しの強い人間になれといっているわけではなく、意味のある自己紹介をするのが大切だということです。

私がこの話を人にすると、みな一応理解はするようです。ただ「あなたの〝特殊能力〟は何ですか」と尋ねると、たいていは能力とは呼べても「特殊」とはいえないような内容が返ってきます。はっきりいってしまうと「平凡な」能力です。

「人当たりがよくて、協調性があるところでしょうか」

それも結構なことですが、「特殊な」能力ではありません。

もっと大胆に考えてみてください。

私がそういうと「無理ですよ。透視能力があるわけじゃあるまいし。カリスマ性もない、普通の人間です」などという人がいます。

才能や資質がないから変化の波は起こせないという言い訳は、以前なら通用したかもしれませんが、現在は状況が違います。**誰もがさまざまな形でリーダーシップを発揮していくことができますし、組織や社会に貢献できることはいくらでもあります。**

この部分は、私たちが直面している状況の核心に関わることです。

私がどれだけいっても、今の自分は、〝まあまあ〟のスキルでやっていきたいと考えていて、そのスキルでちゃんと評価され、満足のいく給料をもらって、安定した人生を歩んでいければいい……などと思っているのではありませんか。

しかし、それでは長続きしません。

市場がネットワークでつながり、競争が激化している現在、「そこそこ」のスキルの人はどこにでもあふれています。**「特殊」能力は、生まれもった才能ではなく、自分がやりたいことをやるという選択をすることで手に入るもの**です。

もちろん、やりたいことである以上に、人に「与えたい」ものであることが大切です。自分が独自の能力だと思っているものが相手から見て「特殊」でないなら、それは「独自の能力」ではないのです。では、その場合どうするか。

①組織のかなめになれるような別の能力を身につける
②独自の能力だと思っているものを徹底的に磨く

ここまではっきりいわれたのは、はじめてかもしれませんが、いずれにせよ、このどちらかを今、選ばなければなりません。

「上司のせい」「組織のせい」にしない

仕事のやり方を変えるときに最大の言い訳になるのが、上司や経営者が「今までの常識から外れる方法」を許してくれないという意識です。

しかし、これは九割がた「思い込み」です。

ただし、残りの一割のケースで、従業員全員に平凡な働き方を強要し、服従させるような企業なら、会社に留まる理由はありません。

仕事は退屈、やりがいもなく、スキルも伸びず、一日留まり続けるごとに、労働市場における自分の価値がどんどん低下していく――いいことなしです。

しかも過去の例を見るかぎり、そのような仕事は自分が考えているほどには安定していません。

今のやり方はラクでしょうし、そのやり方でいいと教えられてきたかもしれませんが、そのような働き方に甘んじるべきではないでしょう。

では、それ以外のケースではどうするか。

「上司が認めてくれません」というのは部下がそう思っているだけで、**むしろ上司は今、部下がどうしてもっと熱意をもって提案してこないのか、自分で改善点を見つけていかないのかと思っているかもしれません。**

確かに上司は、部下がしたことの責任は負ってくれないかもしれませんし、勝手にやったことで大失敗すれば、かばってすらくれないかもしれません。

もちろん成功のために全面的にバックアップしてくれることもないはずです。

そのことを「上司が許してくれない」と考えているのだとしたら、それは「組織の問題」というより「言葉の解釈の問題」です。

カギになるのは、**自分の考えや企画に上司の賛同をとりつけ、サポートを得られる進め方を見つけて、意外でない形で意外性のあることを実行していくこと**です。

いきなり面食らうようなやり方で進めようとするから、上司の反発を買うのです。

もっとうまい説得の仕方はないか。

もっと上司の信頼を得られる材料はないか。

こういったことを検討して、会社の信頼は、実績で勝ちとっていくしかないのです。

■■■がんばっているのに結果が出ない——その解決策

今では、個人の表現手段として、さまざまな選択肢がありますから、才能と情熱のある人が全力でとり組めば、人々に認めてもらえるかもしれません。

しかし、ネットであなたのブログやマンガがプレビューされ、つくった音源がダウンロードされたとしても、それで食べていけるかというと、なかなか難しいものがあります。

ここに二つの落とし穴があります。

①創作活動で稼ごうとすると、表現で妥協せざるを得なくなり、魅力が失われてしまう可能性が高い
②注目されたとしても、それでたくさんお金が入ってくるとはかぎらない

ある人の表現はその人独自の表現であるべきで、商売とは切り離して追求するべきだと私は考えます。

大事なのは、自分が好きなことをやること。もしあることで生計を立てたいのなら、人に受け入れてもらえたときにお金が入りやすいニッチ（市場のすき間）な分野を探すといいかもしれません。

また、**好きなことをやるだけでなく、「やっていることを好きになる」ことも大切**です。好きなことで稼ぐのはとても難しいことですが、お金のためにやる仕事を注意深く選び、あとからその仕事を好きになる方法を見つけることもできるでしょう。

また、お金にならないからといって妥協するのも後悔のもと。

時にはお金にとらわれず、自分の表現をすることにエネルギーを注いでいたら、思わぬ形でチャンスが拓けてお金が後からついてくることだってあるのです。

また、現状では、企業が組織のかなめに十分な支援や励ましを与えてくれることはほとんどありません。

成功に必要な環境がいつでも整っているわけではないということです。

そんなときは、次の二つの対応で乗り切っていきましょう。

①正しい考えが必ずしも受け入れられるわけではないことを理解する

組織の中で異質なことをいうと潰されてしまうことが往々にしてあります。

組織に拒絶されるのは、それが間違った考えだからではなく、今はまだその人にステータスや実績がないからです。

②上ではなく、下を変えることに力を入れる

通常は、顧客や部下に働きかけるほうが、上司や出資者の考え方を変えていくよりも簡単です。

できる部分から変えていって、地盤環境を整えていけば、上の人たちも自由と権限を与えてくれるはずです。

「かなめになる人」と「服従者」を分けるもの

――こんな人が成功できる!

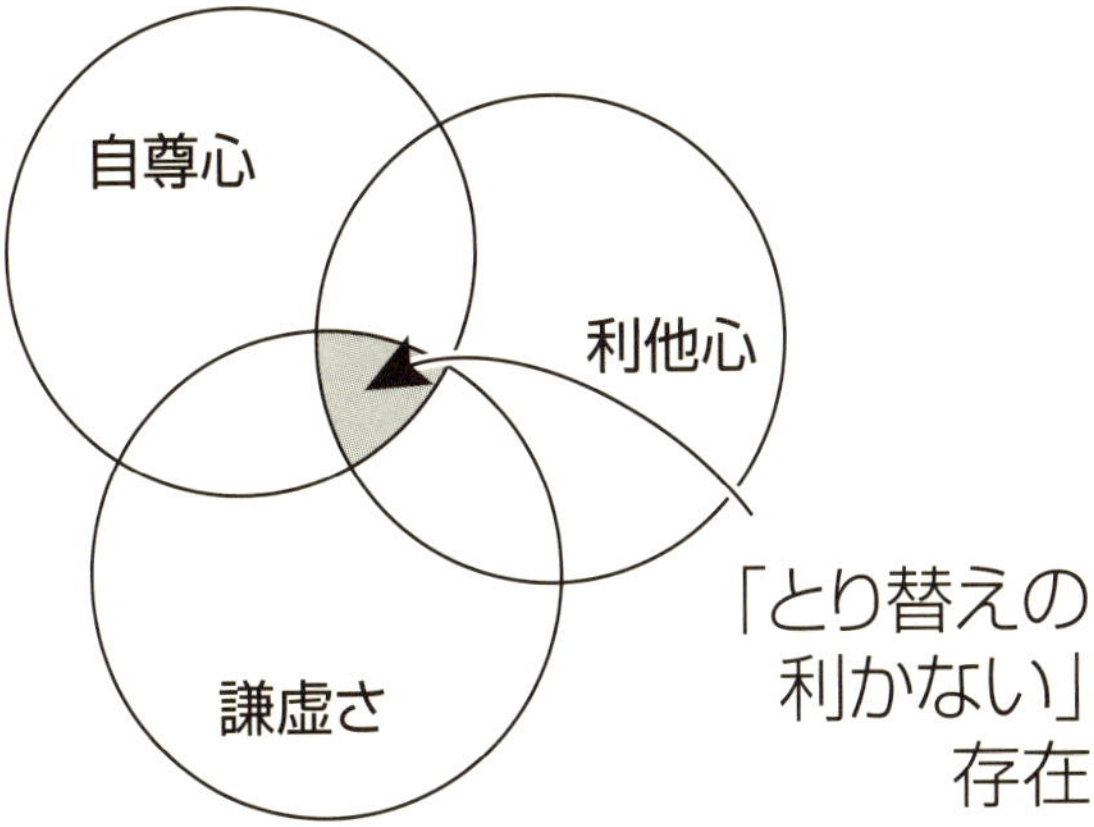

――“聞き分けがいい”だけでは……

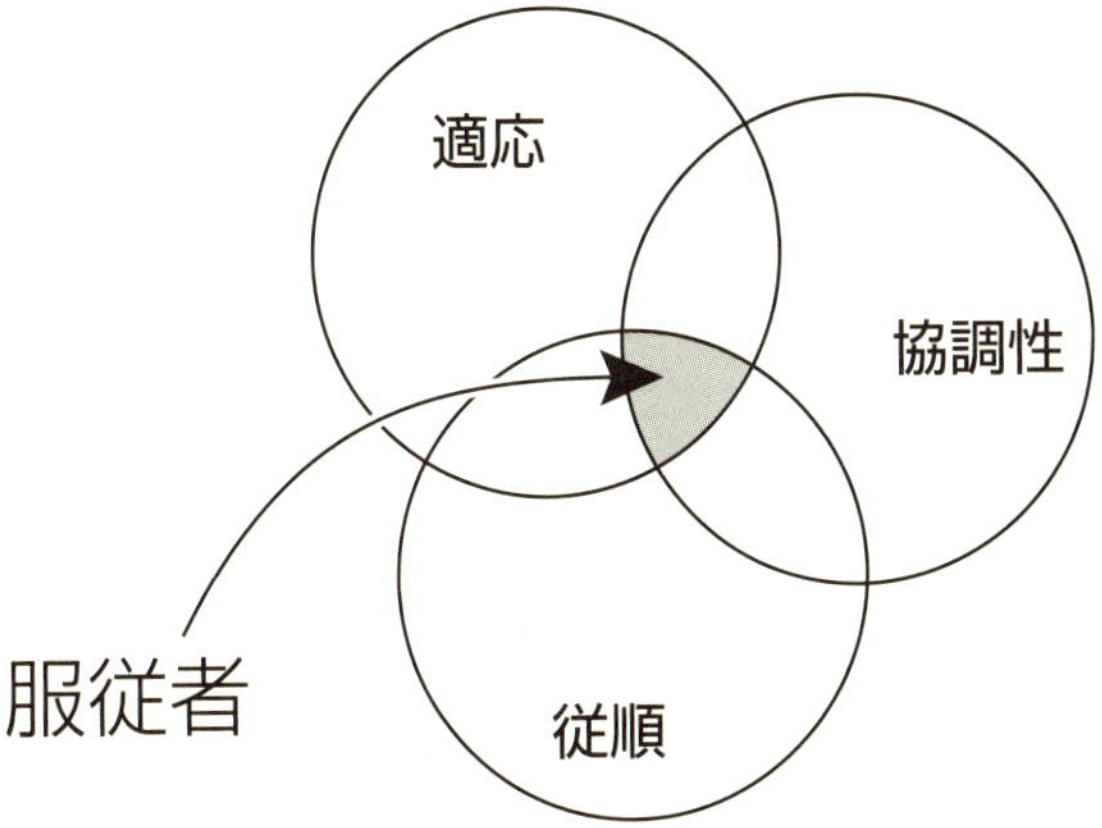

どんな時代が来ても、あなたは勝ち残れる！

私たちはずいぶん長い間、個性と人間性を抑圧してきました。

多くの分野で、そのようなシステムを構築することに努めてきましたが、果たしてそれでみんなが幸せになれるのでしょうか。

このシステムから抜け出すカギは、「一人のユニークな人間として扱われたい」という人の本能に忠実になることです。

学校や企業社会が抹殺してきた、可能性を追求して人に貢献したいという熱意を解放していくことこそが、唯一の解決策なのです。

現在成功している企業は例外なく、人間をかなめにした事業展開をしています。人と関わり、与え、つながっていく人が本当に必要とされているのです。

コミュニケーションもまた、アートの一つです。**他者にプラスの影響を与えていく人や、人間的成果をもたらしていく人は、誰もがアーティスト**です。

唯一、ブレーキをかけているのは「心理的抵抗」です。

爬虫類脳は、「そんなことはできっこない、お前はそんな器じゃないし、笑われるだけだ」と自分を脅しますが、その抵抗を乗り越え、地図のない場所に正しい道を描いていける人だけが、組織や社会のかなめとして成功していくことができるのです。

リスクを負って物事をつくり、真心から与え、人の結びつきが強まっていくと、素晴らしいことが起こります。商業主義がはびこる以前のそうした生き方に立ち返ることで、商業主義が崩壊した後の（本来の）世界を築いていくことができるのです。

それは、私たちが長い間待ち望んできた、物質的、精神的豊かさに満ちた、安定した社会にほかなりません。

（了）

LINCHPIN
by Seth Godin

This edition published by arrangement with Portfolio,
a member of Penguin Group (USA) Inc.
through Tuttle-MoriAgency, Inc., Tokyo

「新《あたら》しい働《はたら》き方《かた》」ができる人《ひと》の時代《じだい》

著　者――セス・ゴーディン

監訳者――神田昌典（かんだ・まさのり）

発行者――押鐘太陽

発行所――株式会社三笠書房

〒102-0072 東京都千代田区飯田橋3-3-1
電話：(03)5226-5734（営業部）
　　：(03)5226-5731（編集部）
http://www.mikasashobo.co.jp

印　刷――誠宏印刷

製　本――若林製本工場

編集責任者　迫　猛

ISBN978-4-8379-5728-7 C0030

T30068